Herkunftssprachen

LinguS 4

LINGUISTIK UND SCHULE

Von der Sprachtheorie zur Unterrichtspraxis

Herausgegeben von
Sandra Döring und Peter Gallmann

Bernhard Brehmer / Grit Mehlhorn

Herkunftssprachen

Bibliografische Information der Deutschen Nationalbibliothek
Die Deutsche Nationalbibliothek verzeichnet diese Publikation in der Deutschen Nationalbibliografie; detaillierte bibliografische Daten sind im Internet über http://dnb.dnb.de abrufbar.

Dischingerweg 5 · D-72070 Tübingen

Internet: www.narr.de
E-Mail: info@narr.de

Satz: pagina GmbH, Tübingen
Printed in Germany

ISSN 2566-8293
ISBN 978-3-8233-8166-2

Inhalt

Vorwort

Dieses Buch richtet sich an Studierende, Lehrkräfte an Schulen und Studienseminaren sowie Lehrende an Hochschulen, die einen Einblick in das Thema *Herkunftssprachen* erhalten möchten. Der Band versteht sich als Arbeitsbuch und ist in erster Linie für das Selbststudium geschrieben.

Die Autoren dieses Bandes haben sich in Forschungsprojekten intensiv mit Herkunftssprachen aus Sicht der Linguistik, des Spracherwerbs und der Didaktik beschäftigt. Unter anderem wurden bilingual in Deutschland aufwachsende Jugendliche mit den Herkunftssprachen Russisch und Polnisch über einen Zeitraum von insgesamt vier Jahren untersucht, indem umfangreiche Sprachstandserhebungen mit ihnen und ihren Eltern im Deutschen und der Herkunftssprache sowie ausführliche Interviews zu den Sprachlernbiografien, zu Einstellungen, zum Gebrauch der Herkunftssprache und zu Unterricht in der Herkunftssprache durchgeführt wurden. Auch Lehrkräfte, die Herkunftssprecher unterrichten, wurden im Rahmen dieser Projekte interviewt. Im vorliegenden Band werden Fallbeispiele aus diesen Projekten vorgestellt, ohne andere Herkunftssprachen zu vernachlässigen. Für hilfreiche Anmerkungen zu diesem Band danken wir den Reihenherausgebern Sandra Döring und Peter Gallmann.

Greifswald / Leipzig im Juni 2018

Bernhard Brehmer und Grit Mehlhorn

1 Einleitung

1.1 Zur Relevanz der Beschäftigung mit Herkunftssprachen

Gesellschaftliche Relevanz

Deutschland ist ein mehrsprachiges Land. Laut Hochrechnungen des Mikrozensus 2015 weisen von den insgesamt 81,4 Mio. Einwohnern in Deutschland 17,1 Mio. (21 %) einen sog. Migrationshintergrund im engeren Sinne[1] auf (BAMF 2016: 159). Das Statistische Bundesamt (2016: 4) definiert Menschen mit Migrationshintergrund dabei folgendermaßen: „Eine Person hat einen Migrationshintergrund, wenn sie selbst oder mindestens ein Elternteil die deutsche Staatsangehörigkeit nicht durch Geburt besitzt." Diese Definition umfasst demnach zugewanderte und nicht selbst zugewanderte Ausländer, zugewanderte und nicht selbst zugewanderte Eingebürgerte, (Spät-)Aussiedler sowie die als Deutsche geborenen Nachkommen dieser Gruppen. Von den 17,1 Mio. Menschen mit Migrationshintergrund haben 5,7 Mio. (33 %) keine eigene Migrationserfahrung, sind also bereits in Deutschland geboren. In den jüngeren Altersgruppen liegt der Anteil an Individuen mit Migrationshintergrund höher: So haben von den Kindern unter fünf Jahren insgesamt knapp 36 % einen Migrationshintergrund (BAMF 2016: 252). Gleichzeitig ist hier der Anteil derjenigen, die eine eigene Migrationserfahrung aufweisen, mit 0,9 % besonders gering.

Auch wenn diese Zahlen noch keine direkten Rückschlüsse darüber zulassen, ob diese Kinder mehrsprachig aufwachsen, liegt die Annahme nahe, dass zumindest für einen großen Teil von ihnen die sprachliche Primärsozialisation neben dem Deutschen noch in einer oder gar mehreren weiteren Sprachen erfolgt. Diese weiteren, in der Familie erworbenen Sprachen werden mit dem Terminus „Herkunftssprachen" bezeichnet und damit vom Deutschen als Umgebungssprache abgegrenzt. Dass in der Tat viele Kinder in Deutschland mit

1 Das Statistische Bundesamt unterscheidet Menschen mit Migrationshintergrund im engeren Sinn, die sich anhand der Daten des Mikrozensus direkt bestimmen lassen, von Menschen mit Migrationshintergrund im weiteren Sinn, bei denen zur Bestimmung des Migrationshintergrundes Angaben zu den Eltern herangezogen werden müssten, die aber nur alle vier Jahre (zuletzt 2013) miterfasst werden.

zumindest einer Herkunftssprache (im Folgenden: HS) aufwachsen, konnte in exemplarischen Studien gezeigt werden, in denen Grundschulkinder gezielt nach den Sprachen gefragt wurden, die sie zuhause in der Familie sprechen (vgl. zu Hamburg Fürstenau / Gogolin / Yağmur 2003, zu Essen Chlosta / Ostermann 2010). Der Anteil der zwei- oder mehrsprachig aufwachsenden Schüler[2] schwankte dabei zwischen 28 und 35 %, wobei sich große lokale und regionale Unterschiede bemerkbar machen. So ist die sprachliche Diversität in urbanen Zentren, auf die sich Zuwanderung traditionell konzentriert, deutlich höher als in ländlichen Regionen und in den westlichen Bundesländern stärker ausgeprägt als in den östlichen (Hopf 2011: 14). Allerdings ist diese Form der **lebensweltlichen Mehrsprachigkeit**, die sich aus dem Aufwachsen und Leben in nicht (ausschließlich) deutschsprachigen Familien und dem regelmäßigen Gebrauch anderer Sprachen als des Deutschen im Alltag speist (Gogolin 1988), in Deutschland kein ausschließliches Phänomen von großstädtischen Ballungsräumen (Hopf 2011: 14) und betrifft selbst dort nicht alle Schulen und Schultypen gleichermaßen. Einer ähnlichen lokalen und regionalen Variation unterliegt auch das Spektrum der von den Kindern gesprochenen HS. Basierend auf den o. g. Studien zu einzelnen deutschen Großstädten schätzt Reich (2007: 128 f.) die Zahl der in Deutschland gesprochenen HS auf ca. 100, andere Schätzungen belaufen sich auf das Doppelte (Hopf 2011: 14). Als im Hinblick auf die Sprecherzahlen am weitesten verbreitete HS gelten Russisch, Türkisch, Polnisch, Bosnisch / Kroatisch / Serbisch, Arabisch, Albanisch, Farsi / Dari, Italienisch, Spanisch, Portugiesisch und Griechisch. Reich (2007: 131) schätzt, dass diese elf Sprach(grupp)en insgesamt rund 80 % der Herkunftssprecher in Deutschland abdecken.

Im Hinblick auf den Sprachgebrauch in den Familien fasst Reich den Forschungsstand wie folgt zusammen:

> Familien, in denen ausschließlich die Herkunftssprache gesprochen wird, stellen eine Minderheit dar. Typisch sind eher die Familien, in denen die Herkunftssprache den größten Anteil an der Kommunikation hat, die deutsche Sprache aber daneben in einem gewissen Umfang verwendet wird, wobei die Kinder in der Regel zu einem

2 In diesem Buch wird aus Gründen der besseren Lesbarkeit in der Regel auch bei nicht geschlechtsneutralen Bezeichnungen die maskuline Form verwendet. Die feminine Form wird damit ausdrücklich eingeschlossen.

> etwas umfänglicheren Deutschgebrauch tendieren.[3] Ein Überwiegen des Deutschen über die Herkunftssprache findet sich nur bei wenigen Familien. Für kleinere Kinder, die in der Familie aufwachsen, bedeutet dies, dass die Herkunftssprache vielfach als Grundlage ihrer sprachlichen Entwicklung anzusehen ist. Weitere Deutschkenntnisse werden dann eher in der peers-Sozialisation erworben. (Reich 2007: 131)

Die HS werden also in der Familie an die nächste Generation weitergegeben, was zumindest zum Teil und je nach Sprechergruppe auch für die dritte Generation zutrifft (Reich 2007: 127). Angesichts dieser Sachlage stellt sich die Frage, wie die deutsche Gesellschaft mit dieser sprachlichen Diversität umgehen soll. Die bisherige Debatte kreist sehr stark um die Frage, inwieweit sich lebensweltliche Mehrsprachigkeit bei Kindern förderlich oder hemmend auf ihre sprachliche Entwicklung und in diesem Zusammenhang auch auf ihren Bildungserfolg auswirkt (s. u.). Eine wichtige Rolle spielen dabei Untersuchungen zum Erwerb des Deutschen als Zweitsprache durch Kinder mit eigener oder über die Eltern vermittelter Migrationserfahrung (vgl. LinguS-Band 2). Erst später kamen Untersuchungen hinzu, die den Erwerb der HS in den Blick nahmen. In diesem Zusammenhang setzt sich mittlerweile zunehmend die Erkenntnis durch, dass Schüler mit Migrationshintergrund nicht nur als Sorgenkinder der deutschen Bildungspolitik zu betrachten sind, sondern spezifische sprachliche und kulturelle Ressourcen mitbringen, die sowohl als individuelles Potenzial als auch als gesamtgesellschaftlicher Reichtum wahrgenommen werden sollten. Dies entspricht nicht zuletzt den bildungspolitischen Rahmenvorstellungen der Europäischen Union, die seit mehr als zehn Jahren die Förderung der Mehrsprachigkeit ihrer Bürger als Bildungsziel ausgerufen hat (vgl. Kommission der Europäischen Gemeinschaften 2005). Die lebensweltliche Mehrsprachigkeit von Schülern mit Migrationshintergrund bietet hierfür eine natürliche Basis und tritt neben die über den schulischen Fremdsprachenunterricht vermittelte Mehrsprachigkeit (vgl. LinguS-Band 8).

3 Nach Daten aus der PISA-Studie 2003 (Prenzel et al. 2005), die 15-jährige Schüler in den Blick nahm und dabei auch anhand einer Stichprobe den Sprachgebrauch der Jugendlichen mit Migrationshintergrund untersuchte, verwenden 51 % der mehrsprachigen Schüler im Alltag häufiger Deutsch als ihre HS, 31 % verwenden beide Sprachen ungefähr gleich häufig, während 13 % angaben, ihre HS im Alltag häufiger zu verwenden als Deutsch. Die Werte schwanken jedoch z. T. beträchtlich je nach Zugehörigkeit zu bestimmten Herkunftssprecher-Gruppen (vgl. Hopf 2011: 15).

Positive Effekte des Erhalts und der Förderung der HS bei mehrsprachig aufwachsenden Schülern werden dabei auf verschiedenen Ebenen lokalisiert (vgl. den Überblick bei Dollmann / Kristen 2010: 124, mit weiterführenden Literaturhinweisen): Demnach kommt der HS eine besondere Bedeutung zu für

- die schulischen Leistungen der mehrsprachig aufwachsenden Schüler,
- das Erlernen der Sprache der Mehrheitsgesellschaft,
- die allgemeinen kognitiven Fähigkeiten,
- den Erwerb weiterer Fremdsprachen,
- den Arbeitsmarkterfolg, v. a. bei einem entsprechenden „Marktwert" der HS (Spanisch, Chinesisch u. a.)[4],
- das Selbstkonzept der Schüler,
- den Erhalt der sprachlichen und ethnischen Identität,
- das ethnische Sozialkapital,
- den Erhalt der Familiensolidarität.

Neben den auf die Schule und die Chancen auf dem Arbeitsmarkt gerichteten Potenzialen (s. u.) bildet die HS also eine wichtige Stütze für die emotionale und mentale Entwicklung der mehrsprachigen Kinder und ihr Selbstbewusstsein (vgl. bereits Skutnabb-Kangas 1981).

Didaktische Relevanz

Ein wichtiger Auslöser des gestiegenen Interesses an HS und ihren Sprechern waren v. a. internationale vergleichende Bildungsleistungsstudien wie PISA oder IGLU, bei denen Kinder mit Migrationshintergrund z. T. deutlich schlechtere Ergebnisse aufwiesen als ihre monolingual aufgewachsenen Altersgenossen. Diese Bildungsrückstände wurden in der Regel mit den schlechteren Kenntnissen der Schulsprache Deutsch und damit indirekt mit der „Konkurrenz" durch die Verwendung von HS in den Familien in Verbindung gebracht (vgl. Klieme et al. 2010). Allerdings wiesen andere Studien nach, dass die schlechteren Leseleistungen nicht ursächlich mit den in der Familie verwendeten Sprachen zusammenhingen, sondern generell damit, in welchem Ausmaß in

4 Von besonderer Bedeutung ist hier, dass Herkunftssprecher durch den frühen Erwerb deutliche Vorteile gegenüber Fremdsprachenlernern derselben Sprache haben. Polinsky / Kagan (2007: 390) konstatieren daher, dass „with proper instruction, they are much more likely than any second language learner to achieve near-native linguistic and sociocultural fluency".

den Familien literale (= schriftorientierte) Praktiken (egal in welcher Sprache) gepflegt werden, die als Vorbereitung auf die besonderen schul- und bildungssprachlichen Anforderungen dienen (Scheele / Leseman / Mayo 2010). So ließen sich auch die schlechteren Ergebnisse von Kindern aus monolingualen, aber sozioökonomisch schwächer gestellten Familien erklären (Pant et al. 2013).

Die Diskussion um einen möglichen förderlichen oder hemmenden Einfluss von HS auf den Schulerfolg mehrsprachig aufwachsender Kinder ist bis heute nicht beendet. Dabei stehen sich zwei Lager gegenüber: Zum einen verweisen die Befürworter einer Förderung von herkunftssprachlichen Kompetenzen (z. B. Gogolin 1988, Gogolin / Roth 2007 u. v. a.) auf positive Effekte der Mehrsprachigkeit für die Ausbildung von Sprachbewusstheit und generellen kognitiven Fertigkeiten, die günstige Voraussetzungen für den Erwerb weiterer Sprachen und schulisches Lernen bieten würden. Eine besondere Rolle spielt hier die **Interdependenzhypothese**, wonach ausgebaute Kenntnisse in der HS auf den Erwerb weiterer Sprachen (und umgekehrt) bzw. auf andere kognitive Fertigkeiten übertragen werden können (vgl. Cummins 2000). Kritiker dieses Modells verweisen dagegen darauf, dass empirische Studien nicht immer die postulierte Wechselwirkung zwischen Kompetenzen in der HS und Umgebungssprache nachweisen konnten. Gleiches gelte auch für die vermuteten Zusammenhänge zwischen kompetenter Zweisprachigkeit und schulischen Leistungen (vgl. Limbird / Stanat 2006, Dollmann / Kristen 2010). Stattdessen käme dem Erwerb der Schul- und Umgebungssprache die entscheidende Bedeutung für den schulischen Erfolg und gesellschaftliche Teilhabe zu, eine Förderung der HS würde sich zwar nicht negativ auswirken, aber auch keine zusätzlichen positiven Effekte erzeugen, die eine stärkere Verankerung der Förderung der HS in der Schule rechtfertigen würde (vgl. Söhn 2005, Esser 2006). Insgesamt ist der gegenwärtige Kenntnisstand also nicht ausreichend. Unzweifelhaft ist, dass gute Kenntnisse der Umgebungssprache eine essentielle Voraussetzung für den schulischen Erfolg von Schülern mit Migrationshintergrund bilden. Welche Rolle den HS in diesem Kontext zukommt, ist bislang umstritten. Für eine stärkere Berücksichtigung des sprachlichen und kulturellen (Vor-)Wissens von Schülern mit Migrationshintergrund im schulischen Kontext sprechen folgende Argumente:

- die Umsetzung des bildungspolitischen Ziels der **Inklusion**, die sich nicht nur auf die Integration von Schülern mit anderen körperlichen und geistigen Voraussetzungen beziehen lässt, sondern auch auf Schüler mit anderen sprachlichen Voraussetzungen (vgl. Elsner 2015);

- die Umsetzung von Konzepten der **Mehrsprachigkeitsdidaktik** und des **sprachenübergreifenden** sowie **interkulturellen Lernens** im Sprach- und Sachunterricht (vgl. z. B. Hufeisen 2011, 2018);
- Erkenntnisse aus dem Bereich der **Tertiärsprachenforschung**, wonach der Erwerb neuer (Fremd-)Sprachen auf der Basis des sprachlichen Wissens aus allen zuvor gelernten Sprachen erfolgt, wobei auch HS als Ressource genutzt werden können (vgl. Göbel / Rauch / Vieluf 2011).

Linguistische Relevanz

HS und ihre Sprecher stellen für die theoretische Sprachwissenschaft einen interessanten Testfall für Modelle des **Spracherwerbs** dar. Herkunftssprecher erwerben ihre HS unmittelbar nach der Geburt. Dieser frühe Erwerbszeitpunkt legt nahe, dass ein Herkunftssprecher die HS wie jedes Kind seine Erstsprache schnell und nach dem Durchlaufen verschiedener Entwicklungsphasen relativ fehlerfrei erlernt. Die Auseinandersetzung mit den sprachlichen Fertigkeiten von Herkunftssprechern zeigt jedoch, dass sich bei ihnen eine große Bandbreite von kompetenten Sprechern bis hin zu Sprechern beobachten lässt, die z. T. nur rezeptive Kenntnisse in der HS aufweisen (vgl. Kap. 3.1). Im Ergebnis gleicht das Spektrum an Kompetenzen in der HS also dem, was man von „normalen“ Fremdsprachenlernern derselben Sprache kennt. Insofern stellen Herkunftssprecher einen Grenzfall zwischen „Muttersprachlern“ und „Fremdsprachenlernern“ einer Sprache dar. Für die Sprachwissenschaft ist daher von Bedeutung, wie – trotz des frühen Erwerbs – diese große Bandbreite an sprachlichen Fertigkeiten zustande kommt, wie viel Kontakt mit der HS notwendig ist, um diese „muttersprachengleich“ zu erwerben, welche sprachlichen Bereiche bei verschiedenen Sprechern annähernd gleich ausgebildet sind, wo sich größere Differenzen beobachten lassen und wie sich die Kompetenzen im Laufe der sprachlichen Sozialisation und unter zunehmendem Druck der Umgebungssprache entwickeln (Spracherhalt oder Sprachwechsel?).

Zudem sind HS ein prototypischer Untersuchungsgegenstand für die **Sprachkontaktforschung**. Konkret geht es dabei um die Frage, wie die Umgebungssprache den Prozess des Erwerbs der HS beeinflusst und auf welchen sprachlichen Ebenen (Aussprache, Grammatik, Lexik) sich Innovationen beobachten lassen, die auf den Einfluss der Umgebungssprache zurückgeführt werden können. Auch hier spielt die Untersuchung der außersprachlichen wie innersprachlichen Faktoren, die diese Prozesse steuern, eine zentrale Rolle. Damit verbunden ist die Frage, wie stark sich die von Herkunftssprechern gesprochenen Formen der HS von den Varietäten unterscheiden, die monolinguale Sprecher verwenden. Gegebenenfalls können durch die räumliche Trennung der Herkunftssprecher vom Herkunftsland auch spezifische Varietäten der HS entstehen, die an die nächste Generation weitergegeben werden.

1.2 Aufbau des Buches

Das Buch setzt sich als Ziel, einen umfassenden Einblick in die sprachwissenschaftlichen und sprachdidaktischen Grundlagen von HS zu geben. Zunächst werden im zweiten Kapitel verschiedene Definitionen von HS diskutiert und Merkmale, die für diese bilinguale Sprechergruppe zentral sind, herausgehoben. Im dritten Kapitel werden verschiedene Aspekte vorgestellt, die HS aus sprachwissenschaftlicher Sicht zu einem interessanten Untersuchungsgegenstand machen. Ein besonderer Schwerpunkt liegt dabei auf den Faktoren, die den Erwerb und die Entwicklung der Fertigkeiten in der HS aus longitudinaler Perspektive prägen. Hier knüpft das vierte Kapitel an, das zunächst den Sprachgebrauch in den Familien und die dort verfolgten Spracherziehungsziele thematisiert. Daneben wird die Bedeutung der HS für die Kommunikation innerhalb und außerhalb der Familie hervorgehoben, sowohl aus emotionaler als auch aus praktischer Sicht. Das fünfte Kapitel verschiebt den Fokus auf die Einbindung von HS in den Kontext von Bildungsinstitutionen. Zum einen wird danach gefragt, wie die spezifischen sprachlichen und kulturellen Ressourcen, die Herkunftssprecher von zuhause mitbringen, in den Schulunterricht integriert werden können. Zum anderen geht es darum, Wege aufzuzeigen, wie diese spezifischen Fertigkeiten weiterentwickelt und ausgebaut werden können, z. B. im Rahmen eines herkunftssprachlichen Unterrichts. Dabei werden auch die didaktischen Herausforderungen, die sich bei der Gestaltung eines solchen Unterrichts stellen, thematisiert und Lösungsansätze vorgestellt.

1.3 Aufgaben

1. Überlegen Sie, wieso die in den Bevölkerungsstatistiken angegebenen Zahlen von Einwohnern mit Migrationshintergrund nicht genau Auskunft darüber geben, wie viele Herkunftssprecher in Deutschland leben. Setzen Sie sich dazu ausführlich mit der in Kapitel 1.1 angegebenen Definition von

„Einwohnern mit Migrationshintergrund" auseinander! Welche Gruppe von Herkunftssprechern wird damit nicht erfasst?

2. Recherchieren Sie anhand des aktuellsten Migrationsberichts (abrufbar unter www.bamf.de) die wichtigsten Herkunftsländer von Einwohnern mit Migrationshintergrund in Deutschland. Welche Sprachen werden dort gesprochen und zu welchen Sprachfamilien gehören sie? Was lässt sich daraus über die sprachliche Diversität in Deutschland folgern?

1.4 Weiterführende Literaturhinweise

Einen guten Überblick über die verschiedenen Standpunkte in der Debatte um die Bedeutung von HS für die individuelle Entwicklung und das schulische Lernen von Schülern mit Migrationshintergrund vermitteln die Beiträge in Gogolin / Neumann (2009). Sie repräsentieren Einsichten aus verschiedenen Disziplinen, v. a. aus der Sprachwissenschaft, Sozialwissenschaft und Bildungswissenschaft. Eine Meta-Analyse der bisherigen Studien zum Zusammenhang zwischen sprachlichem Hintergrund, Sprachförderung und schulischem Lernen bieten Söhn (2005) und Limbird / Stanat (2006). Dollmann / Kristen (2010) stellen ausführlich die Hypothesen über eine positive Wechselwirkung zwischen kompetenter Zweisprachigkeit und schulischen Leistungen dar und überprüfen sowohl Cummins **Interdependenzhypothese** als auch die Hypothese des kulturellen Kapitals von Schülern mit Migrationshintergrund anhand von Daten aus einem Projekt zu türkischstämmigen Grundschulkindern aus Köln.

2 Was ist eine Herkunftssprache?

Ein prinzipielles Problem der HS-Forschung ist die Tatsache, dass die Ansichten darüber, welche Typen von bilingualen Sprechern zur Gruppe der Herkunftssprecher zu zählen sind, weit auseinandergehen. Eine genaue Begriffsbestimmung ist v.a. aufgrund der soziolinguistischen Heterogenität der Herkunftssprecher schwierig. Kapitel 2 gibt daher zunächst einen Überblick über die verschiedenen soziolinguistischen Merkmale, die in der Literatur als typisch für Herkunftssprecher angegeben werden. Auf dieser Basis leiten wir zum Schluss einen eigenen Vorschlag zur Charakterisierung von HS und ihren Sprechern ab.

2.1 Herkunftssprachen als *heritage languages*

Im deutschen Sprachraum wird der Begriff „Herkunftssprache" meist in der gleichen Bedeutung verwendet wie der im angloamerikanischen Raum bereits in den 1960er Jahren (vgl. Fishman 1966) geprägte Begriff *heritage language*. Trotz der im Vergleich zum europäischen Kontext weiter zurückreichenden Beschäftigung mit dem Phänomen der HS in den klassischen Einwanderungsländern Kanada und USA[5] wird allerdings auch dort der Begriff *heritage language* nicht einheitlich verwendet. Im Wesentlichen werden zwei unterschiedliche Typen von Sprechern darunter subsummiert (vgl. Polinsky / Kagan 2007: 369). In einem weiteren Verständnis bezeichnet *heritage speaker* ein Individuum, das eine besondere ethnische, kulturelle oder emotionale Verbundenheit mit seiner *heritage language* aufweist, ohne diese Sprache selbst zu beherrschen (vgl. Fishman 2001: 81).[6] Diese kulturelle und emotionale Relevanz kann oft als auslösendes Moment für den Wunsch fungieren, diese Sprache als Erwachsener selbst erlernen zu wollen (Van Deusen-Scholl 2003: 222). Das engere Verständnis von *heritage speaker* setzt dagegen einen Erwerb der HS bereits im frühen Kindesalter durch Interaktion mit Familienmitgliedern voraus:

5 In Australien als weiterem klassischem Einwanderungsland wird in diesem Zusammenhang meistens von *community languages* gesprochen (vgl. Clyne 1991).

6 Benmamoun / Montrul / Polinsky (2013a: 260) geben als Beispiel muslimische Gemeinschaften mit nicht-arabischem Hintergrund in den USA an, die eine kulturelle bzw. religiöse Verbundenheit mit dem Arabischen aufweisen und u. U. das klassische Arabische als Fremdsprache erlernen, um den Koran zu lesen, aber selbst nie das (gesprochene) Arabische im familiären Kontext oder in ihrer Gemeinschaft erworben haben.

> A language qualifies as a heritage language if it is a language spoken at home or otherwise readily available to young children, and crucially this language is not a dominant language of the larger (national) society. [...] [A]n individual qualifies as a heritage speaker if and only if he or she has some command of the heritage language acquired naturalistically [...], although it is equally expected that such competence will differ from that of native monolinguals of comparative age. (Rothman 2009: 156)

Als Kernkomponenten dieser engeren Definition von *heritage speaker* können also gelten, dass ein Herkunftssprecher

- zu einem gewissen Grad zweisprachig ist, da er neben der Sprache der Mehrheitsgesellschaft auch Kenntnisse (zumindest rezeptiver Art) in seiner HS aufweist,
- die HS ungesteuert, d. h. zumeist im familiären Kontext erworben hat,
- die HS die zuerst erworbene Sprache war oder der Erwerb zumindest parallel mit dem Erwerb der Sprache der Mehrheitsgesellschaft erfolgt ist,
- die Beherrschung der HS sich meist von einem in monolingualer Umgebung aufgewachsenen gleichaltrigen Sprecher dieser Sprache unterscheidet.

Daraus wird ersichtlich, dass ein *heritage speaker* v. a. durch den spezifischen soziolinguistischen Kontext charakterisiert wird, in dem er seine HS erwirbt: Der Erwerb erfolgt ab der Geburt innerhalb der Familie (vgl. Kap. 2.2), wobei die HS aber soziopolitisch den Status einer Minderheitensprache aufweist (vgl. Kap. 2.4) und daher im Wesentlichen nur in bestimmten Funktionsbereichen (v. a. zur Kommunikation innerhalb der Familie) eingesetzt werden kann. Spätestens mit dem Eintritt in Bildungsinstitutionen wie Kindergarten oder Schule, in denen die Sprache der Mehrheitsgesellschaft als Medium der Kommunikation und Wissensvermittlung dominiert, lässt sich ein zunehmender Sprachwechsel zur Sprache der Mehrheitsgesellschaft beobachten. Dieser führt letztlich in der Regel dazu, dass sich die HS zur schwächeren Sprache entwickelt (vgl. Kap. 2.5) und sich daher mit zunehmendem Alter immer deutlichere Unterschiede in der Sprachbeherrschung im Vergleich zu gleichaltrigen monolingual aufgewachsenen Sprechern derselben Sprache herausbilden. Umstritten ist allerdings, inwieweit diese Unterschiede in der Sprachbeherrschung ein konstitutives Merkmal von Herkunftssprechern bilden sollen (vgl. Benmamoun / Montrul / Polinsky 2013a, b, Kupisch 2013).

Im Vergleich zum deutschen Begriff bezieht sich das englische *heritage language* also auf eine Sprache, die den Kindern von den Eltern bzw. einem

Elternteil im Zuge der sprachlichen Primärsozialisation mitgegeben wird, d.h. die das Kind von den Eltern als kulturelle und ggf. auch sprachliche Ressource „erbt". Dagegen impliziert der deutsche Begriff *Herkunftssprache*, dass eine direkte biografische Beziehung des Individuums zu seinem Herkunftsland besteht. Für viele Herkunftssprecher ist dies jedoch nicht (mehr) gegeben, da sie keine eigene Migrationserfahrung aufweisen, sondern bereits im jeweiligen Land als zweite oder sogar dritte Generation geboren wurden. „Herkunft" bezieht sich in diesem Zusammenhang also streng genommen nur auf das ursprüngliche Herkunftsland und die kulturellen und sprachlichen Wurzeln der Eltern- bzw. Großelterngeneration. Das bedeutet allerdings nicht, dass sich die Herkunftssprecher nicht auch selbst mit der Sprache und Kultur ihrer Vorfahren identifizieren können und diese als wichtigen Aspekt der eigenen Identität auffassen (vgl. Kap. 4.3).

2.2 Herkunftssprachen als Erstsprachen

In der Spracherwerbsforschung ist es üblich, die Sprachen nach der chronologischen Reihenfolge ihres Erwerbs durch ein Individuum zu benennen. Die **Erstsprache** (L1) ist damit diejenige Sprache, die ein Individuum von Geburt an erwirbt. Wenn ein Kind von Geburt an mit zwei Sprachen konfrontiert ist, z.B. weil beide Elternteile verschiedene Erstsprachen haben und diese jeweils auch in der Kommunikation mit dem Kind nutzen, kann ein Individuum auch zwei (oder mehr) Erstsprachen aufweisen. In diesem Fall spricht man von einem **doppelten Erstspracherwerb** oder **simultan erworbener Zweisprachigkeit** (2L1) (vgl. Meisel 2011). Studien zur simultan erworbenen Zweisprachigkeit haben gezeigt, dass bilinguale Kinder dieses Typs sehr früh in der Lage sind, ihr internalisiertes Wissen zu beiden Sprachen zu trennen und auch funktional die Sprachen unterschiedlich (z.B. in Abhängigkeit vom Gesprächspartner) einzusetzen. Zudem durchlaufen diese Kinder dieselben Entwicklungsstadien beim Erwerb einzelner sprachlicher Phänomene wie Kinder, die monolingual mit den jeweiligen Sprachen aufwachsen. Vorausgesetzt, dass die Kinder einen kontinuierlichen, reichhaltigen und ausgewogenen Input in beiden Sprachen erhalten, unterscheidet sich das sprachliche Wissen in beiden Sprachen nach Abschluss der Sprachentwicklung qualitativ nicht von demjenigen monolingualer Kinder, unabhängig von einem möglichen Dominanzgefälle in der Sprachverwendung (vgl. De Houwer 1990, Meisel 1989).

Setzt der Erwerb der zweiten Sprache erst mit deutlichem zeitlichem Verzug nach der Erstsprache ein, spricht man vom **Zweitspracherwerb** (L2). Die Ausgangslage ist hier anders als beim Erstspracherwerb, da das Kind zumindest partiell bereits auf erworbene Strukturen in der L1 zurückgreifen kann, um sprachliches Wissen in der L2 aufzubauen. Die mit dem Alter weiter entwickelten kognitiven Fähigkeiten erlauben dem Individuum zudem mehr Möglichkeiten beim Lernen, Speichern und Verarbeiten der neuen Sprache. Entsprechend sind Lerneräußerungen zu Beginn des L2-Erwerbs meistens länger und komplexer als sprachliche Produkte zu entsprechenden Phasen des Erstspracherwerbs. Allerdings zeigt sich, dass insbesondere bei spätem Beginn des L2-Erwerbs der individuelle Lernerfolg deutlich stärker variiert und der Verlauf des Erwerbs einzelner sprachlicher Phänomene auch langsamer erfolgt als beim L1-Erwerb. Zwar lassen sich auch beim L2-Erwerb bei verschiedenen Lernern ähnliche Erwerbssequenzen beobachten, diese sind aber andere als beim L1-Erwerb. In der Forschung umstritten ist die Frage, wie diese unterschiedlichen Erwerbsverläufe und -erfolge zu erklären sind. Meistens wird hier auf die neurobiologischen Grundlagen des Spracherwerbs verwiesen, wonach die angeborenen Spracherwerbsfähigkeiten von Kindern nur für einen begrenzten Zeitraum vollständig zur Verfügung stehen (sog. „Reifungshypothese"). Daraus ergeben sich in Bezug auf das Alter des Kindes kritische Perioden (erstmals bei Lenneberg 1967) bzw. sensible Phasen, nach deren Durchlaufen der Erwerb der einzelnen sprachlichen Bereiche nicht mehr so problemlos erfolgt wie im frühkindlichen Spracherwerb. Die sensiblen Phasen enden für einzelne sprachliche Bereiche unterschiedlich früh. So werden die angeborenen Spracherwerbsmechanismen z. B. im Bereich der Phonologie deutlich früher unzugänglich als im Bereich der Morphologie oder Syntax. Lediglich das lexikalische Lernen scheint im Prinzip keinerlei neurobiologischen Begrenzungen zu unterliegen. Allerdings gestaltet sich die Angabe fester Altersgrenzen für das Ausklingen angeborener Erwerbsmechanismen für die einzelnen sprachlichen Bereiche als schwierig, da auch individuelle Faktoren den Erwerbsverlauf beeinflussen (Werker / Tees 2005). Verfechter der Hypothese der kritischen Periode(n) gehen allerdings davon aus, dass es im Bereich bestimmter Altersstufen zu einer Bündelung des Auslaufens sensibler Perioden kommt, die den Erwerbsprozess qualitativ verändern. So identifizierte Lenneberg (1967) die Altersstufe zwischen 10 und 12 als Phase, nach der die Spracherwerbsfähigkeit merklich abnehme. Neuere Forschungen gehen davon aus, dass es bereits früher zu gravierenden neurobiologischen Veränderungen kommt, die den Erwerb beeinflussen. So werden z. B. Einschnitte bereits mit 6–7 Jahren (Hyltenstam / Abrahamsson 2003) oder sogar 3–4 Jahren (Meisel 2007) vermutet. Meisel (2007) schlägt daher anhand von neurolinguistischen Evidenzen eine Unterteilung in den **frühkindlichen sukzessiven Zweitspracherwerb** (cL2, ab Erwerbsbeginn nach dem 3.–4. Lebensjahr) und **erwachsenen Zweitspracherwerb** (aL2, ab ca. 7 Jahre) vor. Dies bedeutet nicht, dass eine Sprache nicht auch nach diesen Perioden erfolgreich erworben werden kann. Allerdings werden zu diesem Erwerb andere Mechanismen eingesetzt, die stärker von individuellen Faktoren (z. B. Sprachlernbegabung, andere kognitive Fähigkeiten) abhängen (vgl. auch LinguS-Band 10).

Da Herkunftssprecher bereits seit der Geburt mit der HS in Kontakt kommen, hängt ihre Einstufung in eines der beiden Spracherwerbsprofile vom Alter beim Beginn des Erwerbs der Mehrheitssprache ab. Verwendet nur einer der Elternteile die HS in der Kommunikation mit dem Kind, dürfte der Herkunftssprecher in die Kategorie der simultan Bilingualen fallen, während in dem Fall, dass beide Elternteile mit dem Kind die HS verwenden und der erste nennenswerte Kontakt mit der Mehrheitssprache erst mit dem Eintritt in die Kindertagesstätte oder gar in die Schule erfolgt, von einer sukzessiv erworbenen Zweisprachigkeit auszugehen ist. Herkunftssprecher können demnach prinzipiell beiden Spracherwerbstypen zugeordnet werden. Folgt man den oben beschriebenen altersabhängigen qualitativen Veränderungen des Spracherwerbsmechanismus, kann die Zugehörigkeit eines Herkunftssprechers zu dem einen oder anderen Typ des bilingualen Spracherwerbs Konsequenzen für den Erwerbsverlauf der beiden Sprachen und das dort jeweils erreichte sprachliche Niveau haben. Untersuchungen zu Herkunftssprecher-Populationen aus den USA legen nahe, dass insbesondere Herkunftssprecher mit simultanem Erstspracherwerb schwächere Kompetenzen in der HS aufweisen als Herkunftssprecher, bei denen der Zweitspracherwerb sukzessive erfolgte (vgl. Montrul 2008). Erklärt wird dies v. a. mit der von Anfang an bestehenden Konkurrenz zwischen der HS und der Sprache der Mehrheitsgesellschaft im sprachlichen Input des Kindes, der den Anteil der HS am Input im Vergleich zu den sukzessiv bilingualen Herkunftssprechern bereits vor dem Auslaufen der ersten sensiblen Perioden herabsetzt (vgl. Kap. 3.2).

Exkurs: Warum „Muttersprache" ein problematischer Terminus ist

Im allgemeinsprachlichen Diskurs, aber auch in wissenschaftlicher Literatur wird oft der Begriff „Muttersprache" verwendet, wenn von HS die Rede ist. Herkunftssprecher haben in diesem Fall eine andere „Muttersprache" als Deutsch. Der Duden definiert das Wort Muttersprache als „Sprache, die ein Mensch als Kind (von den Eltern) erlernt [und primär im Sprachgebrauch] hat"[7]. Damit wird bereits die Problematik der Anwendung des Begriffs auf Herkunftssprecher deutlich. Der typische Herkunftssprecher ist in Deutschland geboren und wächst in der Familie mit einer HS auf, die entweder nur von einem oder aber beiden Elternteilen gesprochen wird. Es ist dabei also nicht zwangsläufig die Mutter, die die HS an das Kind vermittelt. Darüber hinaus ist das Deutsche meistens die besser beherrschte Sprache des Herkunftssprechers. Dennoch identifizieren sich viele Herkunftssprecher emotional sehr stark mit ihrer HS. Durch diese Vermischung von erwerbschronologischen, kompetenzorientierten und emotional-identitären Faktoren, die bei der Verwendung des Begriffs „Muttersprache" mitschwingen, und angesichts der oft sehr komplexen soziolinguistischen Rahmenbedingungen, unter denen Herkunftssprecher ihre Sprachen erwerben, ist es nicht sinnvoll, den Terminus in Bezug auf Herkunftssprecher zu verwenden.

2.3 Herkunftssprachen als Familiensprachen

Familiensprache wird sowohl in der linguistischen als auch in der sprachdidaktischen Literatur häufig synonym mit dem Begriff HS verwendet. Beide Begriffe sollten jedoch strikt auseinandergehalten werden (vgl. Lüttenberg 2010). So können in den Familien von Herkunftssprechern durchaus verschiedene Sprachen als Familiensprachen gesprochen werden. Neben der Sprache der Mehrheitsgesellschaft (z. B. dann, wenn ein Elternteil die HS gar nicht beherrscht) und der standardsprachlichen Form der HS können die Herkunftssprecher auch mit anderen, dialektalen Varianten der HS oder zusätzlichen Sprachen konfrontiert sein. So werden in den aus der Türkei nach Deutschland eingewanderten Familien häufig auch türkische Dialekte oder eine kurdische Sprache (z. B. Kurmandschi) verwendet (Brizić 2007). Diese Polyphonie stellt Herkunftssprecher vor zusätzliche Herausforderungen in ihrem Spracherwerb,

7 Zitiert nach der Online-Ausgabe des Duden (https://www.duden.de/rechtschreibung/Muttersprache) [Abruf am 07. 04. 2018].

wobei dies v.a. für den Erwerb der HS gilt, der – im Unterschied zum Deutschen – nicht immer durch einen institutionalisierten Unterricht außerhalb der Familie gestützt wird. Dies gilt es bei der Beurteilung der sprachlichen Fähigkeiten von Herkunftssprechern in der HS zu beachten. Nicht immer haben die Herkunftssprecher in den Familien Zugang zur normierten und kodifizierten Varietät der HS, wie sie in den Herkunftsländern durch Schule, Medien oder Literatur tradiert wird.

Jedoch betrifft die sprachliche Polyphonie nicht nur die an einzelne Sprecher oder Gesprächssituationen gebundene Koexistenz verschiedener Sprachen oder Sprachvarietäten in den Familien, sondern auch das Auftreten von **Sprachmischungen** aller Art. Die Frage, wie strikt in den Familien die einzelnen Sprachen oder Varietäten in der Kommunikation untereinander getrennt werden, berührt die **familiäre Sprachpolitik** (King / Fogle 2013). Zur familiären Sprachpolitik gehören z.B. die Einstellungen von Kindern und Eltern zu den Familiensprachen, die tatsächlichen Präferenzen bei der Sprachwahl in der Kommunikation untereinander und die Maßnahmen, die seitens der Eltern für den Ausbau der Familiensprachen getroffen werden (vgl. Schwartz 2008, s. auch Kap. 4.1 und 4.2). Zahlreiche Studien konnten nachweisen, dass das Ausmaß von Sprachmischungen im elterlichen Input eine direkte Auswirkung auf Häufigkeit und Umfang der Sprachmischungen durch die bilingualen Kinder und mittelfristig auch auf die Ausbildung der sprachlichen Kompetenzen und die Motivation zur Verwendung der HS hat (vgl. Mishina 1999, Anstatt / Rubcov 2012). Zentral ist hier auch die Frage, wie Eltern auf Sprachmischungen ihrer Kinder reagieren: Lanza (1997) unterscheidet daher zwischen bilingualen Diskursstrategien, bei denen die Verwendung von zwei Sprachen in der innerfamiliären Kommunikation erlaubt ist, und monolingualen Diskursstrategien, bei denen Einsprachigkeit in der familiären Kommunikation strikt eingefordert wird.

Insbesondere in größeren Herkunftssprecher-Gemeinschaften können Sprachmischungen, die mit Elementen aus der HS und der Sprache der Mehrheitsgesellschaft operieren, als Mittel zur sprachlichen Abgrenzung sowohl gegenüber der Mehrheitsgesellschaft als auch der monolingualen Sprechergemeinschaft im Herkunftsland eingesetzt werden. In diesem Fall bilden sich häufig feste, überindividuell verwendete Muster von Sprachmischungen heraus, die in der internen Gruppenkommunikation verwendet werden und einen wichtigen Teil der Identität der jeweiligen Gemeinschaft bilden. So sind z.B. Sprachmischungen zwischen Russisch und Deutsch eine zentrale Komponente des „Aussiedlerisch", das von Spätaussiedlern aus der ehemaligen Sowjetunion verwendet wird und sie von anderen russischsprachigen Gruppen in Deutschland (z. B. Vertretern der jüdischen Immigration) abhebt (vgl. Meng / Protassova 2005).

2.4 Herkunftssprachen als Minderheitensprachen

In nahezu allen Definitionen wird auf den besonderen soziopolitischen Status der HS verwiesen: Herkunftssprecher gehören demnach in der Regel einer ethnischen oder sprachlichen Minderheit an, die in einem Staat lebt, in dem die Mehrheit eine andere Sprache spricht. Während der Status der Mehrheitssprache durch Gesetze und Institutionen geregelt ist, sie fest in den Bildungsinstitutionen des Landes verankert ist und daher auch über ein gewisses Prestige verfügt, ist das für Minderheitensprachen oft nicht der Fall.

Der weitaus größte Teil an Studien beschäftigt sich mit HS im Kontext migrationsbedingter Mehrsprachigkeit. Im Fokus stehen meist Herkunftssprecher, die der zweiten, seltener auch der dritten Generation von Einwanderern in das Aufnahmeland angehören. Diese Konzentration der Forschung, die sich zudem meistens auf die HS mit großen Sprecherzahlen bezieht (z. B. Spanisch in den USA, Türkisch und Russisch in Deutschland etc.), lässt bisweilen den Eindruck entstehen, dass HS mit **Migrantensprachen** gleichzusetzen sind:

> The term heritage speaker typically refers to second generation immigrants, the children of the original immigrants, who live in a bilingual / multilingual environment from an early age. (Benmamoun / Montrul / Polinsky 2013b: 132)

Streng genommen sind aber Herkunftssprecher nicht nur unter den Vertretern **allochthoner Minderheiten**, d. h. den erst in der jüngeren Vergangenheit in das Aufnahmeland zugewanderten Minderheiten, zu lokalisieren, sondern der Begriff könnte genauso gut auf Vertreter **autochthoner** (= alteingesessener) Minderheiten bezogen werden, z. B. auf Angehörige der sorbischen oder friesischen Minderheit in Deutschland. Diese erwerben ihre Minderheitensprache unter den gleichen soziolinguistischen Rahmenbedingungen wie Herkunftssprecher der allochthonen Minderheiten.[8] Dass bislang allerdings kaum Arbeiten vor-

8 Konsequenterweise bezieht Fishman (2001) in seine weite Definition von Herkunftssprechern in den USA sowohl Immigranten bzw. deren Nachfahren als auch Vertreter der indigenen Sprachen Nordamerikas ein. Benmamoun / Montrul / Polinsky (2013a: 260 f.) schließen in ihrer revidierten Definition von *heritage speaker* nun auch Sprecher autochthoner Minderheitensprachen ausdrücklich mit ein.

liegen, die Sprecher autochthoner Minderheiten- oder gar Regionalsprachen (wie Niederdeutsch) unter dem Begriff Herkunftssprachen behandeln, liegt sicherlich am offiziellen Status dieser Sprachen, der einen gewissen gesetzlichen Schutz (u. a. durch die Europäische Charta der Regional- und Minderheitensprachen) und eine staatlich zugesicherte Infrastruktur (eigene Schulen, Kulturvereine, Radio- und Fernsehsendungen etc.) bedingt. Entsprechende Angebote für allochthone Minderheiten, die keine vergleichbare regionale Konzentration wie die autochthonen Minderheiten aufweisen, beruhen meistens auf der Initiative von Konsulaten, privaten Vereinen und / oder einzelnen Bundesländern, wobei keine flächendeckende Versorgung gewährleistet werden kann. Hinzu kommt, dass die allochthonen Sprachminderheiten alles andere als homogen sind und sozial und rechtlich sehr unterschiedliche Bevölkerungsgruppen umfassen (Spätaussiedler, „Gastarbeiter" und deren Nachkommen, hochqualifizierte Fachkräfte, Bildungs- und Heiratsmigranten, Bürgerkriegsflüchtlinge, Asylsuchende etc.).

2.5 Herkunftssprachen als schwächere Sprachen

Laut vielen Definitionen von Herkunftssprechern beherrschen diese typischerweise mit fortschreitender sprachlicher Sozialisierung und Eintritt in die Bildungsinstitutionen ihre HS zunehmend schlechter als die Sprache der Mehrheitsgesellschaft. Diese Verschiebung wird zum einen mit dem systematischen und durch die Bildungsinstitutionen geförderten Ausbau der Sprache der Mehrheitsgesellschaft (inkl. Alphabetisierung und Erwerb bildungssprachlicher Kompetenzen) begründet, der für einen stark steigenden Input in der Umgebungssprache sorgt und damit den Input in der HS relational zurückdrängt (vgl. Kap. 3.2). Zum anderen wird die Sprache der Mehrheitsgesellschaft zur funktional dominanten Sprache, da sie quasi in allen Funktionsbereichen (Schule / Arbeit, öffentliche Institutionen, selbst in der Familie) eingesetzt werden kann, während die HS im Wesentlichen auf die Kommunikation innerhalb der Familie oder der eigenen Sprechergemeinschaft beschränkt bleibt. Nur bei Erwerb literaler Kompetenzen (Lesen und Schreiben) in der HS ist die Nutzung auch im schrift(sprach)lichen Bereich möglich. Größere Minderheiten können über eine eigene Infrastruktur in Städten verfügen (Ärzte, Rechtsanwälte, Ethnoläden), die es ermöglichen, die HS auch für speziellere kommunikative Anlässe zu nutzen. Für viele Herkunftssprecher reduziert sich jedoch der Gebrauch der HS ausschließlich auf den privaten Bereich (vgl. auch Kap. 4.1).

Eine Folge dieser Entwicklung kann daher eine unbalancierte Zweisprachigkeit mit Dominanz der Sprache der Mehrheitsgesellschaft sein, was sich z. T. auch in spezifischen negativ besetzten Selbstbezeichnungen für die HS widerspiegelt (z. B. „Ich spreche nur so ein Küchenrussisch"). Allerdings weist Kupisch (2013) unseres Erachtens zu Recht darauf hin, dass es durchaus auch Herkunftssprecher gibt, die in beiden Sprachen annähernd gleiche Kompetenzen aufweisen und sich nicht deutlich von monolingual aufgewachsenen Altersgenossen unterscheiden. Dieser Befund deckt sich mit den Ergebnissen unseres eigenen Projekts zur Untersuchung des Sprachstands von jugendlichen Herkunftssprechern des Russischen und Polnischen in ihrer HS und im Deutschen. Zu diesem Zweck wurde eine umfangreiche Testreihe entwickelt, mit der Daten zum Sprachstand der untersuchten Jugendlichen in möglichst verschiedenen Kompetenzbereichen (u. a. Leseverstehen, Hörverstehen, Grammatik, Wortschatz) für die HS und das Deutsche gesammelt und ausgewertet wurden.[9] Abbildung 1 zeigt die Ergebnisse für die Berliner Gruppe der im Projekt untersuchten polnischsprachigen Herkunftssprecher (n = 11), die an allen Sprachstandstests für beide Sprachen teilgenommen haben. Im Schaubild sind exemplarisch die Ergebnisse für den Wortschatztest, den Test zur grammatischen Kompetenz sowie die Tests zum Hörverstehen und Leseverstehen[10] für jedes einzelne Individuum abgetragen. Die Darstellung bildet die Differenz zwischen den in den deutschen Tests erzielten Korrektheitswerten (in %) und den in den polnischen Testpendants erzielten Ergebnissen ab. Werte nahe der x-Achse bedeuten folglich, dass die Ergebnisse der deutschen und polnischen Tests fast gleich ausfielen, während hohe Balken nach oben symbolisieren, dass die Probanden in den Testergebnissen zum Deutschen deutlich besser abgeschnitten haben als zum Polnischen. Entsprechend gilt für die Werte im negativen Bereich die umgekehrte Interpretation:

9 Zum Projektdesign und den eingesetzten Testverfahren vgl. Brehmer / Mehlhorn (2015a).

10 Der Wortschatztest bestand aus der Übersetzung von insgesamt 100 Vokabeln in die jeweils andere Sprache (50 Vokabeln pro Ausgangssprache), der Grammatiktest im Polnischen aus einem Cloze-Test und im Deutschen aus einem C-Test, zum Leseverstehen wurde in beiden Sprachen ein literarischer Text ausgewählt, während die Grundlage der Aufgabe zum Hörverstehen ein Sachtext bildete. Die Probanden waren zum Zeitpunkt der Erhebung alle zwischen 11 und 13 Jahre alt. Jede Kennung steht für ein Individuum (B = Berlin, 01 = Probandennummer).

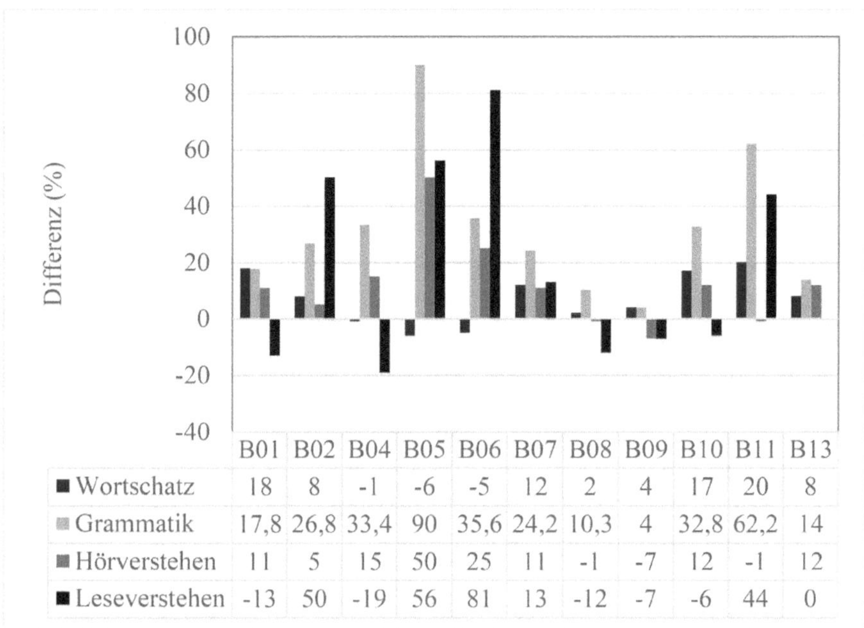

	B01	B02	B04	B05	B06	B07	B08	B09	B10	B11	B13
Wortschatz	18	8	-1	-6	-5	12	2	4	17	20	8
Grammatik	17,8	26,8	33,4	90	35,6	24,2	10,3	4	32,8	62,2	14
Hörverstehen	11	5	15	50	25	11	-1	-7	12	-1	12
Leseverstehen	-13	50	-19	56	81	13	-12	-7	-6	44	0

Abb. 1: Differenz der Ergebnisse für Sprachstandstests in Deutsch und Polnisch je nach getesteter Fertigkeit und Proband

Die Ergebnisse weisen eine breite Streuung (a) in Abhängigkeit von der getesteten Fertigkeit und (b) zwischen den einzelnen Jugendlichen auf (vgl. dazu Kap. 3.1). Es wird deutlich, dass die Kompetenzen im Deutschen tendenziell bei allen Individuen besser ausgeprägt sind als in der HS, was der eingangs beschriebenen Hypothese einer Dominanz der Sprache der Mehrheitsgesellschaft entspricht. Einige Probanden zeigen allerdings bei den meisten Testergebnissen nur geringe Abweichungen zwischen Deutsch und Polnisch (v.a. B08, B09, B13), d.h. sind zumindest hinsichtlich der hier getesteten Fertigkeiten durch eine weitgehend balancierte Zweisprachigkeit gekennzeichnet. Das sind gerade diejenigen Probanden, die angeben, zuhause meistens Polnisch zu sprechen und auch auf eigene Initiative Polnischunterricht besuchen. Die Probanden B05, B06 und B11 schneiden bei den deutschen Tests klar besser ab als in den Tests zu ihrer HS. Alle drei gaben in den Interviews an, in der familiären Kommunikation vorwiegend Deutsch zu verwenden. Nur B05 nimmt an Polnischunterricht teil, B06 und B11 (als einzige im hier präsentierten Sample) geben an, noch nie Unterricht im Polnischen besucht zu haben.

Auch wenn in der Mehrsprachigkeitsforschung heute weitgehend Konsens darüber besteht, dass die auf Bloomfield (1933: 56) zurückgehende normative Definition von Zweisprachigkeit als „native-like control of two languages“ nicht der psycho- und soziolinguistischen Realität bilingualer Individuen entspricht und daher eine perfekt ausbalancierte Zweisprachigkeit eher die Ausnahme darstellt, so machen die oben dargestellten Ergebnisse aus unserem Projekt deutlich, dass eine vermeintliche Dominanz einer der beiden Sprachen sich nicht losgelöst von konkreten sprachlichen Bereichen konstatieren lässt und z. T. auch von den eingesetzten Diagnoseverfahren zur Bestimmung der Sprachdominanz abhängt.[11] Im Hinblick auf literale Fertigkeiten (v. a. Schreiben) mag es sicher zutreffen, dass die HS generell bei Herkunftssprechern schwächer ausgebildet ist als die Sprache der Mehrheitsgesellschaft (vgl. Böhmer 2015), aber es bleibt das generelle Problem, dass Sprachdominanz nur schwer als globale Kenngröße zu operationalisieren ist.

2.6 Versuch einer eigenen Charakterisierung von Herkunftssprechern

Nach Durchsicht und kritischer Diskussion der Kriterien, die in der bisherigen Forschung für die nähere Eingrenzung von HS herangezogen wurden, möchten wir abschließend eine eigene Charakterisierung eines „typischen“ Herkunftssprechers vorlegen, die sicherlich – wie die bisherigen Definitionsversuche – nicht der ganzen Heterogenität dieser bilingualen Sprechergruppe gerecht wird, aber doch eine gute Annäherung ermöglicht. Demnach ist ein Herkunftssprecher ein Individuum, das

- das Herkunftsland im frühen Kindesalter (in der Regel vor der Einschulung) verlassen hat oder bereits außerhalb des Heimatlandes der Vorfahren geboren wurde oder einer autochthonen sprachlichen Minderheit angehört,
- die HS seit der Geburt in der Familie erworben hat, wobei zumindest ein Elternteil mit ihm regelmäßig in der HS kommuniziert (hat),

11 In empirischen Studien wird der Begriff der Sprachdominanz an sehr unterschiedlichen Kriterien festgemacht (z. B. Häufigkeit der Verwendung der beiden Sprachen, Sprechflüssigkeit, Verfügen über literale Kompetenzen usw.) und mit Hilfe sehr unterschiedlicher Methoden erhoben (vgl. den Überblick bei Treffers-Daller 2016).

- die Sprache der Mehrheitsgesellschaft entweder simultan mit der HS oder aber zeitlich versetzt (in der Regel nach Eintritt in die Bildungslaufbahn) erworben hat,
- außerhalb der Familie meist die Sprache der Mehrheitsgesellschaft verwendet,
- daher auch in der Sprache der Mehrheitsgesellschaft über ein breiteres Spektrum an Sprachfunktionen verfügen kann als in der HS (v. a. im Bereich literaler Kompetenzen und formeller Register),
- insbesondere bei Besuch von Unterricht in der HS dennoch über hohe sprachliche Kompetenzen in ihr verfügen kann,
- durch die eingeschränkten Anwendungsmöglichkeiten der HS aber Gefahr läuft, die Kenntnisse dort nicht weiter ausbauen zu können oder sogar abzubauen (bis hin zu lediglich rezeptiven Kenntnissen) → instabile Zweisprachigkeit.

2.7 Aufgaben

1. In einigen sprachdidaktischen Publikationen wird auch von „Kindern mit deutscher Herkunftssprache" gesprochen. In welcher Bedeutung wird der Begriff „Herkunftssprache" dort verwendet?
2. Welche Argumente sprechen dagegen, die Begriffe „Schüler mit Migrationshintergrund" und „Zweitsprachenlerner des Deutschen" als Synonym für „Herkunftssprecher" zu verwenden?
3. Mit welchen Argumenten der Spracherwerbstheorie lässt sich begründen, dass Individuen, die erst als Jugendliche oder noch später nach Deutschland gekommen sind, nicht mehr unter den hier vorgestellten Begriff des „Herkunftssprechers" fallen?

2.8 Weiterführende Literaturhinweise

Einen guten Überblick über die verschiedenen Definitionen von HS und ihren Sprechern aus amerikanischer Sicht bieten Benmamoun / Montrul / Polinsky (2013a, b), Carreira (2004) und Van Deusen-Scholl (2003). Die europäische Perspektive repräsentieren De Bot / Gorter (2005) und Kupisch (2013).

Als Einführungen in den bilingualen Spracherwerb empfehlen wir die Überblicksartikel von Meisel (2004, 2007) und De Houwer (1995) sowie die Monografien von De Houwer (1990) und Meisel (2011). Eine sehr lesenswerte Analyse zu Spracherwerbsverläufen bei verschiedenen Migrantengruppen im deutschsprachigen Raum aus psycho- und soziolinguistischer Perspektive und auf der Grundlage des Sprachkapitalmodells bietet das Buch von Brizić (2007).

Wenn Sie sich intensiver mit der Frage nach der Ermittlung und Bewertung von Sprachdominanz bei bilingualen Sprechern beschäftigen möchten, legen wir Ihnen den Band von Silva-Corvalán und Treffers-Daller (2016) ans Herz.

3 Linguistische Aspekte von Herkunftssprachen

Die sprachwissenschaftliche Erforschung von HS besteht aus verschiedenen, sich gegenseitig ergänzenden Strängen. Soziolinguistische Zugänge interessieren sich hauptsächlich für die außersprachlichen Faktoren, die den Erwerb, Erhalt und die Weitergabe von HS an die nächste Generation beeinflussen. Hier geht es also hauptsächlich um die Sprachverwendung in verschiedenen Funktionsbereichen („Domänen") und um die Einstellungen gegenüber den Sprachen. Systemlinguistische Arbeiten fokussieren dagegen vorwiegend den konkreten Erwerb einzelner sprachlicher Phänomene sowie Veränderungen in der Struktur der HS. Wir gehen zunächst auf die starke Streuung der sprachlichen Fertigkeiten bei Herkunftssprechern ein. Diese ist u. a. abhängig von den Faktoren, die den Erwerb der HS beeinflussen. Abweichungen von sprachlichen Strukturen, wie sie bei monolingualen Sprechern zu erwarten wären, und mögliche Gründe dafür bilden ein weiteres Thema des Kapitels. Schließlich lassen wir einige generelle sprachliche Merkmale von Herkunftssprechern Revue passieren, die sie u. a. von Fremdsprachenlernern unterscheiden. Den Abschluss bilden verschiedene Methoden, wie der Sprachstand in der HS möglichst leicht und präzise diagnostiziert werden kann.

3.1 Inter- und intraindividuelle Variabilität

Eine der größten Schwierigkeiten in der Forschung zu HS besteht in der großen Variabilität hinsichtlich der Entwicklung produktiver wie rezeptiver Fertigkeiten in der HS zwischen einzelnen Herkunftssprechern derselben Population. Diese große Variabilität ist eines der wenigen Merkmale, die Herkunftssprecher-Populationen in den USA und Europa zu teilen scheinen. Sie betrifft nicht nur die großen Unterschiede zwischen einzelnen Individuen, sondern auch hinsichtlich der Ausprägung einzelner Fertigkeiten bei einem einzigen Sprecher. Hinzu kommt, dass die Kompetenzen in der HS bei einem Individuum im Laufe seines Lebens auf-, aber auch wieder abgebaut werden können.

Um die große Spannweite von Kompetenzen innerhalb einer Herkunftssprecher-Population besser erfassen zu können, haben Polinsky / Kagan (2007) eine Skala vorgeschlagen, die eine Einstufung eines einzelnen Herkunftssprechers auf einem Kontinuum zwischen den Polen „Erhalt nur noch rezeptiver Fertigkeiten in der HS" und „Kompetenzen in Hören, Sprechen, Lesen und

Schreiben wie ein monolingualer Sprecher der HS" reicht. In Anlehnung an die Terminologie der Kreolsprachenforschung identifizieren sie so drei grundlegende Typen von Herkunftssprechern, die sich an unterschiedlichen Enden dieses Kontinuums befinden (vgl. Abb. 2):

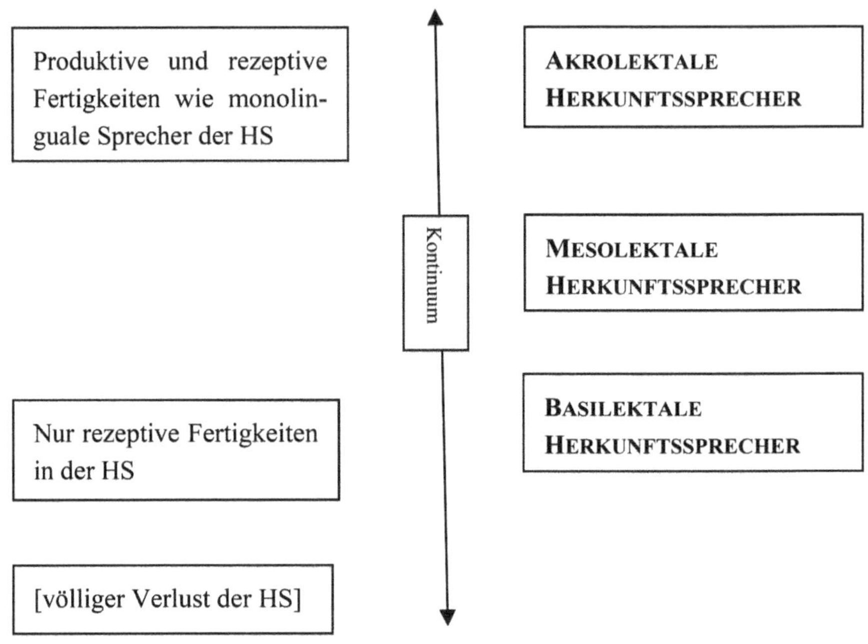

Abb. 2: Kontinuum von Herkunftssprechern nach ihren sprachlichen Fertigkeiten in der HS (nach Polinsky/Kagan 2007)

Basilektale Herkunftssprecher weichen demnach am stärksten in ihren Kompetenzen von einem gewöhnlichen monolingualen Sprecher der HS ab. Oft sind sie zwar in der Lage, Äußerungen in der HS zu verstehen, können aber selbst keine Äußerungen in ihr produzieren. Allerdings repräsentieren auch die rezeptiven Kenntnisse der HS eine spezifische sprachliche Ressource (vgl. Anstatt 2018). Wenn produktive Fertigkeiten in der HS vorhanden sind, so zeichnen sich basilektale Sprecher durch eine deutlich geringere Sprechgeschwindigkeit (im Schnitt nur ein Drittel bis halb so schnell wie monolinguale Altersgenossen) und deutliche Lücken im aktiven Wortschatz aus (vgl. Polinsky/Kagan 2007: 377). Normalerweise sind bei basilektalen Herkunftssprechern keine literalen Kompetenzen (Schreiben, Lesen) vorhanden, insbesondere dann, wenn die HS in einem anderen Schriftsystem geschrieben wird als die Sprache der Mehrheitsgesellschaft (wie z. B. im Falle eines in Deutschland lebenden Herkunftssprechers des Griechischen, Russischen, Arabischen oder Chinesischen). **Akrolektale Herkunftssprecher** sind dagegen im Idealfall nicht von einem monolingual aufgewachsenen Sprecher zu unterscheiden.[12] Allerdings stellt sich die Frage, wie häufig dieser Idealfall unter den erschwerten Bedingungen, unter denen Herkunftssprecher ihre HS in einer anderssprachigen Umgebung erwerben, tatsächlich eintritt. Realistischerweise steht also zu erwarten, dass akrolektale Herkunftssprecher durchaus Abweichungen im Vergleich zur normierten, kodifizierten Form der HS, wie sie im Herkunftsland z. B. in der Schule gelehrt wird, aufweisen. Allerdings beschränken sich diese Unterschiede auf ganz bestimmte Bereiche, die sich z. B. nur bei der Produktion spezifischer formeller Sprachregister bemerkbar machen. **Mesolektale Herkunftssprecher** nehmen eine Mittelstellung auf der Kompetenzskala ein. Allerdings stellt diese Art der Schematisierung eine relativ grobe Idealisierung dar, da sich beim Herausgreifen einzelner sprachlicher Kompetenzen durchaus eine andere Eingruppierung eines Individuums auf dem dargestellten Kontinuum ergeben kann.

Individuelle Mehrsprachigkeit – und damit auch die Kompetenz in einer HS – ist allerdings keine statische Größe. Kenntnisse in einer Sprache können stagnieren, ausgebaut werden, aber auch bei mangelnden Möglichkeiten zur Anwendung des sprachlichen Wissens wieder verloren gehen (sog. **Attrition**, vgl. Kap. 3.3). Die Einordung eines Individuums als basilektaler, mesolektaler oder akrolektaler Herkunftssprecher stellt daher immer nur eine Momentaufnahme dar. Das Verhältnis zu den Kompetenzen in der Sprache der Mehrheitsgesellschaft ist einem beständigen Wandel unterworfen, der von verschiedenen Faktoren abhängt, z. B. vom aktuellen Umfang des Gebrauchs beider Sprachen. Denkbar ist z. B., dass temporäre Besuche im Herkunftsland einen (und sei es nur zeitweisen) Entwicklungsschub für die HS bedingen, ebenso die Wahl der HS als Schulfremdsprache, die Aufnahme eines Berufs, in dem Kenntnisse der HS eingesetzt werden können, das Kennenlernen eines Partners mit

12 Wir setzen hier monolingual aufgewachsene Sprecher der HS als Bezugsgröße an, was nicht unproblematisch ist, da Herkunftssprecher ihren Input, der ihnen für den Spracherwerb zur Verfügung steht, gerade nicht von Monolingualen beziehen, sondern von Sprechern der HS, die selbst bilingual sind.

demselben herkunftssprachlichen Hintergrund etc.[13] Es ist daher sinnvoll, die Entwicklung der Kompetenzen in HS und Sprache der Mehrheitsgesellschaft in ein Modell einzubetten, das die konstante Veränderung multilingualer Sprachkompetenzen durch verschiedene sprecherbezogene und kontextuelle Faktoren berücksichtigt (vgl. z. B. das *Dynamische Modell des Multilingualismus* von Herdina / Jessner 2002).

3.2 Einflussfaktoren auf sprachliche Kompetenzen in der Herkunftssprache

Die Variabilität in der Ausprägung sprachlicher Kompetenzen in der HS kann u. a. auf die komplexe Erwerbssituation zurückgeführt werden, in die eine Vielzahl von außersprachlichen Faktoren involviert ist, die alle über den Verlauf und das Ergebnis des Erwerbs der HS (mit) entscheiden. Diese lassen sich unterteilen in Faktoren, die die Person des Herkunftssprechers selbst betreffen und solchen, die vom sozialen Umfeld abhängen. Nach De Bot et al. (2007: 11) gehören zu den individuellen Faktoren:

- die allgemeinen kognitiven Fähigkeiten, z. B.
  - Sprachlernbegabung
- die Motivation zum Erwerb und zur Verwendung der HS, inkl.
  - Häufigkeit der Verwendung der HS
  - Bereitschaft zum Besuch von Herkunftssprachenunterricht
  - Bedeutung der Herkunftssprache und -kultur für die eigene Identität
- das Alter beim Erwerb der Sprache der Mehrheitsgesellschaft
  - simultaner Erstspracherwerb
  - frühkindlich-sukzessiver Zweitspracherwerb

Durch das soziale Umfeld des Herkunftssprechers geprägte Faktoren sind dagegen z. B.:

- allgemeine Sprachpräferenzen und konkrete Sprachwahl des familiären und gesellschaftlichen Umfelds bei der Interaktion mit dem Individuum
  - Umfang und Qualität des Inputs in HS

13 Besonders interessant sind hier z. B. Studien zu Kindern, die in Deutschland mit einer HS aufgewachsen sind und danach mit den Eltern oder aus eigener Entscheidung in das Herkunftsland der Eltern über- bzw. zurückgesiedelt sind (vgl. z. B. Flores 2010, Daller / Treffers-Daller 2014 u. a.).

  - ▷ monolinguale vs. bilinguale Diskursstrategien in der Familie
- ▶ die Einstellung des familiären und gesellschaftlichen Umfelds zur Herkunfts- und Umgebungssprache, u. a. abhängig vom
  - ▷ soziopolitischen Status der HS im Aufnahmeland
  - ▷ allgemeinen Prestige der Sprachen
  - ▷ Wunsch nach Integration in die aufnehmende Gesellschaft vs. Wunsch, die Herkunftskultur beibehalten zu wollen
- ▶ Bereitschaft des familiären und gesellschaftlichen Umfelds zur Förderung der HS, z. B. über
  - ▷ Bereitstellung materieller Ressourcen (Bücher und andere Medien in der HS, Besuche im Herkunftsland)
  - ▷ Vermittlung literaler Fertigkeiten in der HS durch die Familie (Vorlesen in der HS, Alphabetisierung, Kreieren von Schreibanlässen etc.)
  - ▷ Angebote für Besuch von Herkunftssprachenunterricht

Die hier aufgelisteten Faktoren wirken natürlich nicht unabhängig voneinander, sondern beeinflussen sich wechselseitig (vgl. Montrul 2012: 22–24): Der soziopolitische Status der HS bestimmt oft die Einstellung der Sprachminderheit gegenüber der eigenen Sprache, beeinflusst so auch indirekt die Bereitschaft, die eigene Sprache in der Öffentlichkeit zu verwenden und kann entscheidend dafür sein, ob und, wenn ja, von wem Angebote eines Unterrichts in der HS vorgehalten werden. Die Spracheinstellungen regulieren selbst wiederum die Praktiken und Muster des Gebrauchs der HS in verschiedenen Situationen („Domänen“, z. B. zu Hause, im Beruf, in der Freizeit, in Behörden etc.), was sich positiv auf den Umfang und die thematische Diversität des Inputs auswirkt, der der nächsten Generation zum Spracherwerb zur Verfügung steht und den Erwerb sprachlicher Strukturen und kommunikativer Kompetenzen in der HS unterstützt. Der Input spielt demnach eine eminent wichtige Rolle im Prozess der Tradierung der HS, da er sowohl von den psycholinguistischen als auch den soziolinguistischen Faktoren beeinflusst wird. Er soll daher im Folgenden eingehender behandelt werden.

Input

Unter *Input* versteht man das gesamte sprachliche Material, das einem kindlichen oder erwachsenen Lernenden durch seine Umgebung (Eltern, Geschwister, Freunde, umgebende Gesellschaft, Medien etc.) zur Verfügung gestellt wird und das zum Aufbau sprachlichen Wissens genutzt wird (Szagun et al. 2006).

Der Input ist damit zweifellos ein Schlüsselfaktor für einen erfolgreich verlaufenden Spracherwerb, sei es in bilingualen oder monolingualen Kontexten, auch wenn die genaue Bedeutung, die dem Input für den Spracherwerb beigemessen wird, in einzelnen Spracherwerbsmodellen variiert (vgl. Klann-Delius 2016, LinguS-Band 10). Da beim bilingualen Spracherwerb der Input auf zwei Sprachen aufgeteilt ist (bei prinzipiell gleichem Zeitbudget wie im monolingualen Spracherwerb), folgt daraus, dass die Quantität des Inputs pro Sprache geringer ist als bei einem monolingual aufwachsenden Kind, dem sowohl die Familie als auch die umgebende Gesellschaft einen differenzierten Input konstant in nur einer Sprache zur Verfügung stellt. Für HS als Minderheitensprachen bedeutet das, dass Input in der HS gewöhnlich nur durch die Familie und gegebenenfalls durch andere Vertreter der Minderheit bereitgestellt wird, während für den Erwerb von Strukturen der Mehrheitssprache auch außerfamiliärer Input genutzt werden kann (in der Kindertagesstätte, in den Medien o. Ä.).

So ist es nicht verwunderlich, dass der Frage nach der **Menge des Inputs**, die zum vollständigen Erwerb von Strukturen in der HS notwendig ist, viel Aufmerksamkeit geschenkt wird (vgl. Mueller-Gathercole / Thomas 2009, Unsworth et al. 2011 u. v. a.). Herkunftssprecher haben, wie dargestellt, weniger Gelegenheit, die HS zu hören und zu verwenden. Der im Vergleich zur Sprache der Mehrheitsgesellschaft reduzierte Input kann dazu führen, dass Input in der HS kognitiv schwieriger zu verarbeiten ist als in der Mehrheitssprache. Insbesondere scheint die Fortsetzung des Inputs in der HS nach Eintritt der Kinder in Bildungsinstitutionen (Kindergarten, Schule), der zu einem massiven Anstieg des Anteils der Mehrheitssprache am sprachlichen Input der Kinder führt, eine entscheidende Rolle für den nachhaltigen Erwerb der HS zu spielen (Dixon et al. 2012).

Neben der Menge an Input, den Herkunftssprecher erhalten, ist auch die **Qualität des Inputs** entscheidend für den Erwerbsverlauf. Die Qualität des Inputs bezieht sich zum einen auf die **Varietäten der HS**, mit denen die Kinder während des Erwerbs in Kontakt kommen. Bei Herkunftssprechern, die keine Möglichkeit eines stützenden institutionalisierten Erwerbs der HS in Anspruch nehmen (können), besteht der Input in der HS meist aus gesprochenen Varietäten, die ihre Eltern oder ihr näheres Umfeld verwenden. Dies können umgangssprachliche, dialektale oder sozial markierte Formen der HS sein, die von der kodifizierten standardsprachlichen Form der HS, wie sie Sprecher im Herkunftsland durch Schule und Medien erwerben, deutlich abweichen können. Besuchen Herkunftssprecher dann einen Unterricht in der HS, erweist sich das fehlende Wissen um geschriebene bzw. standardsprachliche Formen der HS oft als Problem für die Bewertung der Vorkenntnisse, die dieser Lernertyp in den Unterricht einbringt (Polinsky / Kagan 2007: 373, vgl. auch Kap. 5.3). Daneben gilt es zu bedenken, dass der sprachliche Input in der HS in der Regel von Sprechern erfolgt, die selbst bilingual sind.[14] Je nach der Länge des Aufenthalts, den z. B. die Eltern als Repräsentanten der ersten Einwanderergeneration in der neuen Heimat vorweisen können, haben sich unter Umständen bereits in der von ihnen verwendeten Form der HS Veränderungen im Vergleich zu der im Herkunftsland verbreiteten Varietät eingestellt. Bezugspunkt für eine Bewertung der sprachlichen Fähigkeiten eines Herkunftssprechers sollte daher immer die Varietät der HS sein, der das Kind im familiären Umfeld ausgesetzt war und die daher die Basis für den Spracherwerb gebildet hat. Regelmäßige Besuche im Herkunftsland können den Kontakt mit monolingualen Formen der HS befördern und damit Entwicklungsschübe auslösen, wobei diese Möglichkeit je nach geografischer Entfernung des Herkunftslandes, dem sozioökonomischen Status der Familien und den politischen Verhältnissen vor Ort nicht für alle zur Verfügung steht (vgl. Kap. 4.1.2).

Neben den in der Familie gesprochenen Varietäten spielt auch die **Diversität von Quellen des Inputs** in der HS eine entscheidende Rolle: Erfolgt der Input in der HS nur durch gesprochene Sprache oder haben die Herkunftssprecher auch Kontakt zu geschriebenen Formen der HS? Letzteres ist natürlich nur für Herkunftssprecher eine Option, die literale Kompetenzen in der HS erworben haben. Daher kommt dem Besuch von Unterricht in der HS oft eine besondere Bedeutung zu. Der Erwerb geschriebener Formen der HS bedeutet dabei auch, dass Herkunftssprecher nicht nur Elemente von Sprache kennenlernen, die in der mündlichen Rede nie oder nur selten vorkommen (z. B. Orthografie, komplexe syntaktische Konstruktionen), sondern auch die Gelegenheit erhalten, über die schriftliche Fixierung von Sprache diese zu einem bewussteren Objekt eigener sprachlicher Reflexion zu machen (vgl. Dąbrowska 2013).

14 Dies trifft natürlich besonders auf den Fall autochthoner Minderheitensprachen zu, bei denen es oft keine wirklich „monolingualen“ Sprecher der HS mehr gibt (vgl. Sorbisch oder Friesisch).

3.3 Abweichungen von monolingualen Sprachnormen

Viele linguistische Studien zu HS kreisen um die Frage, inwiefern Herkunftssprecher prinzipiell mit monolingualen Sprechern im Herkunftsland vergleichbar sind (vgl. z. B. Polinsky i. Dr., Montrul 2016). Letztlich gilt für Herkunftssprecher, wie auch für andere bilinguale Sprechergruppen, die bekannte Charakterisierung Grosjeans (1989), dass Bilinguale nicht als zwei monolinguale Sprecher in Personalunion anzusehen sind. Die Koexistenz zweier Sprachen bei Bilingualen führt zu einem einzigartigen und spezifischen Sprachsystem, das entsprechend Abweichungen von demjenigen eines monolingualen Sprechers aufweisen kann. Tatsächlich konzentrieren sich viele Studien v. a. darauf, Unterschiede zwischen Herkunftssprechern und monolingualen Sprechern im Hinblick auf deren Beherrschung des Sprachsystems zu ermitteln.[15] Diese Abweichungen lassen sich als Resultate verschiedener Prozesse beim Spracherwerb der HS interpretieren, die entweder einzeln, zeitgleich (z. B. bei verschiedenen Sprachstrukturen) oder aber in sequenzieller Abfolge auftreten können (vgl. Montrul 2008, 2016).

Abweichender Input

Eine mögliche Quelle für Abweichungen von monolingualen Sprachnormen bei Herkunftssprechern kann bereits im Input lokalisiert werden, der als Grundlage für den Erwerb der HS fungiert. Wie in Kap. 3.2 dargestellt, besteht die Möglichkeit, dass schon in der Sprache der Eltern Innovationen auftreten, die in der im Herkunftsland durch die Schule vermittelten kodifizierten Standardsprache nicht vorhanden sind. Diese Innovationen können entweder durch den Sprachkontakt mit der Sprache der Mehrheitsgesellschaft verursacht worden sein (s. u.) oder aber durch sprachinterne Ausgleichs- und Vereinfachungsprozesse entstanden sein. Somit sind nicht die Herkunftssprecher selbst Urheber der von der monolingualen Norm abweichenden Formen, sondern diese wurden im Prozess des natürlichen Spracherwerbs von den Eltern übernommen. Ebenso können im Input fehlende Strukturen (z. B. sprachliche Merkmale formeller Sprachregister wie Passivformen o. Ä.) logischerweise nicht von den Herkunfts-

15 Das Ausmaß der Abweichungen hängt v. a. von den Merkmalen der untersuchten Population von Herkunftssprechern ab (vgl. Kupisch 2013). Basi- und mesolektale Herkunftssprecher weisen in der Regel deutlich mehr Abweichungen auf als akrolektale Herkunftssprecher, die meistens einen Unterricht in der HS besucht haben.

sprechern erworben werden. Dies tritt insbesondere dann auf, wenn kein Schulbesuch in der HS (mehr) erfolgt (ist), sondern nur gesprochene Formen der HS im Input zur Verfügung stehen. Oft bestehen auch Parallelen zwischen Sprachwandeltendenzen, die bereits bei monolingualen Sprechern zu beobachten sind, und sprachlichen Entwicklungen, die bei Herkunftssprechern auftreten:

> [T]he domains where the heritage bilinguals show weaker performances are exactly the same domains where also the monolingual controls do not score 100 % accurately. This indicates that the heritage grammar promotes linguistic changes which are inherent to the speech of monolingual speakers. (Flores 2015: 261)

Entwicklungstendenzen, die bereits in der jeweiligen Sprache angelegt sind, erfassen unter den extremen Bedingungen des Spracherwerbs von Herkunftssprechern oft neue Kontexte und zeichnen so unter Umständen mögliche zukünftige Entwicklungen der HS im Herkunftsland voraus.

Transfer aus der Umgebungssprache

Viele Abweichungen in der HS lassen sich auf den Einfluss der Sprache der Mehrheitsgesellschaft zurückführen. Diese Form der Interaktion einer Sprache mit einer anderen ist unter dem Terminus **Transfer** ein zentraler Gegenstand der Sprachkontakt- und Zweitspracherwerbsforschung (vgl. bereits Weinreich 1977, Gass / Selinker 1992, Odlin 1989, Jarvis / Pavlenko 2008 u. v. a.). Er bezeichnet sowohl den Prozess der Übernahme einer sprachlichen Einheit (Phonem, Morphem, Wort etc.), eines Merkmals (z. B. Aspiriertheit bei Verschlusslauten) oder einer Regel (z. B. Wortstellungsregularitäten) von einer Sprache in eine andere, als auch das Ergebnis dieses Prozesses (d. h. das übernommene Element) (Clyne 1991: 160). In Abhängigkeit davon, ob die Übernahme in der Zielsprache zu einer korrekten Form oder zu einem Fehler führt, unterscheidet man **positiven** von **negativem Transfer** (Letzterer wird seit Weinreich 1977 auch als **Interferenz** bezeichnet). Beim Zweitspracherwerb lässt sich oft ein Einfluss der L1 auf die L2 beobachten. Im HS-Erwerb ist es dagegen die L2 (= Sprache der Mehrheitsgesellschaft), die die L1 (= HS) beeinflusst. Dieser Einfluss kann sich erst in der Sprachverwendung der Herkunftssprecher zeigen, oder bereits, wie oben gezeigt, in der Sprache der Eltern auftreten und von den Herkunftssprechern beim Spracherwerb übernommen werden.

Attrition

Wenn eine HS im Laufe der Zeit immer seltener verwendet wird, z. B. weil die Sprache der Mehrheitsgesellschaft immer mehr Funktionsbereiche übernimmt, so wird der Zugriff auf sprachliche Regeln und Formen in der HS für das Individuum zunehmend schwieriger („Activation Threshold Hypothesis", vgl. Paradis 2004). Dieses Phänomen des langsamen Abbaus von ursprünglich einmal vorhandenen sprachlichen Fertigkeiten, ohne dass es dafür pathologische Ursachen gibt, wird als **Attrition** bezeichnet (Schmid 2011).[16] Durch Attrition entsteht folglich ebenfalls der Eindruck, dass Herkunftssprecher ihre HS nicht auf monolingualem Niveau beherrschen. Dieser Prozess kann lediglich temporärer Natur sein oder sich im Laufe der Zeit verstärken. Im Extremfall führt er zum Verlust sämtlicher produktiver und rezeptiver Fertigkeiten in der HS, wodurch der Prozess des **Sprachwechsels** zur Umgebungssprache abgeschlossen ist. Das Ausmaß an Attrition und die sprachlichen Bereiche, die davon betroffen sind, hängen offenbar besonders vom Alter ab, in dem sich die sprachliche Umgebung des Individuums (z. B. durch Auswanderung) verändert. Studien haben gezeigt, dass bei einem dauerhaften Wechsel der Sprachumgebung nach dem Alter von 10–12 Jahren hauptsächlich der Zugriff auf lexikalische Einheiten der Attrition unterliegt, während bei einer früheren Ausreise (wie bei einem typischen Herkunftssprecher) auch massive Abbauerscheinungen im Bereich von Aussprache und Grammatik auftreten können (vgl. Bylund 2009, Flores 2010). Viele Teilbereiche der Sprache scheinen also eine längere Phase der Stabilisierung und kognitiven Verankerung nach ihrem Erwerb zu erfordern, um einem Sprecher auch bei dauerhaftem Wechsel der sprachlichen Umgebung langfristig zur Verfügung zu stehen.

Nicht abgeschlossener Erwerb

Die Tatsache, dass der sichere Erwerb einzelner sprachlicher Strukturen offenbar eine längere Phase der Stabilisierung und kognitiven Verankerung voraussetzt, bildet die Grundlage für eine weitere mögliche Ursache von Norm-

16 Die dem in der englischsprachigen Fachliteratur schon länger etablierten Begriff zugrundeliegende Metapher des „Abriebs" sprachlicher Fähigkeiten ist eigentlich irreführend, da der Abbau sprachlicher Formen gerade durch die *seltene* Verwendung der Sprache hervorgerufen wird. Daneben werden im Deutschen auch andere bildhafte Begrifflichkeiten wie *Korrosion* oder *Erosion* (z. B. Protassova 2007) zur Bezeichnung des Phänomens verwendet.

abweichungen bei Herkunftssprechern: Der reduzierte bzw. mit steigendem Alter oft schwindende Input in der HS kann unter Umständen nicht dazu ausreichen, dass das Regelwissen bezüglich einzelner (z. B. erst spät erworbener oder seltener) Strukturen fest verankert bzw. überhaupt in allen Facetten ausgebildet wird. Der Erwerb dieser Strukturen bleibt dadurch unvollständig.[17] Als Folge stagniert die Entwicklung in bestimmten sprachlichen Bereichen entweder in einem frühen Stadium des Erwerbs (**„Fossilisierung“**) oder der Bereich unterliegt einer sich anschließenden Restrukturierung, die ein neues System erzeugt. So beschreibt Polinsky (2008) den ausbleibenden Erwerb des Neutrums bei basilektalen Herkunftssprechern des Russischen in den USA, der zu systematisch abweichenden Genuszuweisungen bei einzelnen Substantiven im Vergleich zum monolingualen Russischen führt. Diese Fälle sind jedoch zu trennen von Szenarien, bei denen der reduzierte Input lediglich zu einem verspäteten Erwerb der Strukturen führt, d. h. die Strukturen werden von dem Herkunftssprecher erworben, jedoch zu einem späteren Zeitpunkt als bei monolingualen Kindern.

Verarbeitungsschwierigkeiten

Einige Merkmale von HS sind nicht auf die Übernahme von Strukturen aus einer bestimmten Umgebungssprache zurückzuführen, sondern treten in verschiedenen Populationen derselben HS bei unterschiedlichen Umgebungssprachen auf. Offensichtlich führt hier der kognitive Aufwand, die (stärker ausgeprägte) Umgebungssprache bei Verwendung der HS unterdrücken zu müssen, oder die Zusammenführung von Informationen aus unterschiedlichen Sprachebenen leisten zu müssen, um Strukturen zielsprachengerecht produzieren zu können, zur Restrukturierung einzelner Teilbereiche des Sprachsystems, die dann vom Standpunkt monolingualer Sprecher aus als Innovation erscheinen.[18] Dasselbe gilt für Vereinfachungstendenzen, die das System der HS

17 Viele Forscher bezeichnen dies als *unvollständigen Spracherwerb* („incomplete acquisition“, vgl. z. B. Polinsky 2006, Montrul 2008), was allerdings aufgrund der irreführenden Konnotationen des Begriffs „unvollständig“ problematisch ist (vgl. Kupisch / Rothman 2016). Für die meisten Herkunftssprecher bildet die HS ein voll funktionsfähiges Mittel zur Kommunikation, ungeachtet möglicher (kleinerer) Lücken im Sprachsystem, die unter Umständen durch Vermeidungsstrategien beim Sprechen umgangen werden können.

18 Ein Beispiel wäre die Integration diskurspragmatischen und morphosyntaktischen Wissens bei der zielsprachengerechten Produktion von Artikeln in einer HS. Die Ver-

„benutzerfreundlicher" umgestalten, indem z. B. morphologisch unregelmäßig gebildete Formen durch regelmäßigere ersetzt werden oder flexible Wortstellungsmuster zugunsten einer festen Wortstellung zurückgedrängt werden (vgl. Benmamoun / Montrul / Polinsky 2013a, b).

3.4 Beherrschung einzelner Sprachebenen

Trotz der sehr großen individuellen Varianz in Bezug auf die Beherrschung der HS lassen sich doch einige Generalisierungen vornehmen, die sprachliche Besonderheiten von Herkunftssprechern betreffen. Während die Sprache der Mehrheitsgesellschaft meist in allen Fertigkeiten (Sprechen, Hörverstehen, Lesen, Schreiben) annähernd gleich gut beherrscht wird, sind Hörverstehen und Sprechen diejenigen Kompetenzbereiche in der HS, die bei nicht-akrolektalen Herkunftssprechern deutlich besser ausgeprägt sind als Lesen und Schreiben, was mit der häufig fehlenden Alphabetisierung in der HS zusammenhängt (Montrul 2012: 2 f.).

Auch hinsichtlich der Fertigkeiten auf den einzelnen Sprachebenen zeigen sich strukturelle Gemeinsamkeiten zwischen verschiedenen Populationen von Herkunftssprechern, die darauf verweisen, dass bestimmte sprachliche Bereiche beim Erwerb unter den spezifischen Bedingungen eines reduzierten bzw. instabilen Inputs anfälliger dafür sind, nicht zielsprachengerecht erworben oder wieder abgebaut zu werden, als andere (vgl. Polinsky 1997, 2006). Eine zentrale Frage der HS-Forschung besteht daher darin zu ermitteln, in welchen Bereichen Herkunftssprecher durch ihren bereits seit der Geburt erfolgenden Kontakt mit der HS bessere Voraussetzungen haben, eine Fertigkeit zu entwickeln, die derjenigen eines Monolingualen entspricht, als beispielsweise erwachsene Fremdsprachenlernende (vgl. dazu Kap. 3.5).

Untersuchungen zur **phonetischen und phonologischen Ebene** haben bislang widersprüchliche Befunde ergeben (vgl. Überblick bei Benmamoun / Montrul / Polinsky 2013b: 136 f.): Zum einen attestieren zahlreiche Studien Herkunftssprechern hier eine große Nähe zu Monolingualen, sowohl im produktiven

arbeitungsschwierigkeiten können z. B. zu einer Vereinfachung des gesamten Artikelsystems führen, unabhängig davon, ob die Umgebungssprache Artikel aufweist oder nicht. Die Beobachtung, dass diese Prozesse v. a. bei Phänomenen auftreten, die an sprachlichen Schnittstellen (Phonologie / Syntax, Pragmatik / Syntax etc.) angesiedelt sind, führte zur Entwicklung der sogenannten „Schnittstellen-Hypothese" (vgl. Sorace 2011).

(= nahezu akzentfreie Aussprache) als auch rezeptiven Bereich (= Wahrnehmung und Unterscheidung phonologisch distinktiver Merkmale der HS). Dies gelte selbst für einige basilektale Herkunftssprecher, was dafür sorge, dass diese auf der Basis ihrer Aussprache oft als „Muttersprachler" eingeschätzt würden (Polinsky / Kagan 2007: 378). Dieser Befund wird im Wesentlichen mit dem frühen Beginn des Spracherwerbs begründet, der allerdings nicht garantiere, dass alle Herkunftssprecher über ein intaktes phonologisches System der HS verfügen, da zumindest im produktiven Bereich auch Unterschiede zu Monolingualen nachweisbar sind (Montrul 2012: 10). In dieselbe Richtung gehen auch Studien, die die Realisierung einzelner Laute untersuchen. So konnte in Studien zu verschiedenen HS gezeigt werden, dass Herkunftssprecher bei der Produktion plosiver Konsonanten wie /p/, /t/ oder /k/ im Wortanlaut und vor Vokalen im Inlaut deutlich von Monolingualen abweichen und zu einer stärkeren Aspirierung (Behauchung) neigen, wenn die Umgebungssprache eine derartige Behauchung aufweist (vgl. Kupisch 2013, Kurbangulova 2018). Diese Realisierung zeigt z. B. auch eine russlanddeutsche Schülerin aus Ludwigshafen, die unter dem Einfluss des Deutschen ihre plosiven Konsonanten im Russischen aspiriert (Protassova 2007: 317):

(1)	russ. **p^{h}ot^{h}om,*	**t^{h}am,*	**k^{h}ot^{h}oryj*
	‚dann'	‚dort'	‚welcher' (Relativpronomen)

Im Bereich der **Morphologie** und **Morphosyntax** werden Herkunftssprechern z. T. sehr deutliche Abweichungen von den monolingualen Sprachsystemen zugeschrieben. Dies gilt sowohl für verschiedene HS als auch für verschiedene grammatische Bereiche wie Kasusmorphologie, Genuszuweisung und -kongruenz oder Definitheit im nominalen Paradigma. So zeigen Herkunftssprecher des Griechischen eine Tendenz zum Abbau des possessiven Genitivs, indem sie ihn durch den Akkusativ ersetzen (vgl. Zombolu 2011):

(2)	griech.	*i*	*giagia*	**ti*
		die-Nom. Sg.fem	Großmutter-Nom.Sg	die-Akk.Sg.fem
		mama	*mou*	
		Mama-Akk.Sg	ich-1Sg.Gen. klit.	
		‚die Großmutter meiner Mama'		

Kupisch / Akpinar / Stöhr (2013) konnten nachweisen, dass in Deutschland aufgewachsene simultan-bilinguale Herkunftssprecher des Französischen häufiger abweichende Genuszuweisungen im Französischen zeigten, wenn die Genera der Wörter zwischen dem Französischen und Deutschen differierten:

(3)	franz. **la platane*	statt korrekt	*le platane*
	‚die Platane'		*‚der Platane'

Im Bereich der Verbgrammatik sind z. B. die Personalkongruenz, Verbalaspekt und Modus betroffen (vgl. Überblick in Benmamoun / Montrul / Polinsky 2013b: 141 f.). So verwendet ein polnischer Herkunftssprecher im folgenden Beispiel bei der Bildung des analytischen Futurs anstelle des erforderlichen imperfektiven Aspekts *spędzać* ‚verbringen' den perfektiven Infinitiv **spędzić* (Brehmer / Czachór 2012: 308):

(4)	poln.	*Może*	*ludzie*	*więcej*	*czasu*
		vielleicht	Menschen-Nom.Pl	mehr	Zeit-Gen.Sg
		będą	**spędzić*	*w*	*domu.*
		sein-Fut.3Pl	verbringen-Inf.Pf	in	Haus-Lok.Sg
		‚Vielleicht werden die Menschen mehr Zeit zu Hause verbringen.'			

Allerdings scheinen Ab- und Umbauprozesse die Nominalmorphologie in weitaus stärkerem Maße zu betreffen als die Verbmorphologie (Bolonyai 2007, Benmamoun / Montrul / Polinsky 2013b: 142). Ein wichtiges Merkmal des morphologischen Systems von HS besteht dabei im Ausgleich morphologischer Unregelmäßigkeiten bzw. im Abbau seltener Formen, sodass die Flexionsparadigmen insgesamt einheitlicher ausfallen als bei monolingualen Sprechern, wobei sowohl Verb- als auch Substantiv-, Adjektiv- und Pronominalparadigmen betroffen sein können. So konjugiert ein russischer Herkunftssprecher aus unserem Projekt das russische Verb *plakat'* ‚weinen' ohne Beachtung der typischen Konsonantenalternation bei Verben der 1. Konjugation mit Stammauslaut auf velaren Konsonanten (wie /k/, das im Präsensstamm zu /č/ verändert wird). Der Präsensstamm fällt so mit dem Infinitivstamm zusammen, was die Einheitlichkeit des Paradigmas erhöht, da z. B. die Präteritumformen im Russischen vom Infinitivstamm gebildet werden:

(5)	russ.	*On*	**plakaet*	(statt korrekt *plačet*).
		er-Nom	weinen-Präs.3Sg	
		‚Er weint.‘		

Unregelmäßige Formen werden insbesondere bei basilektalen Herkunftssprechern in der Regel nur in hochfrequenten Wendungen als fest reproduzierte Einheiten („Chunks“) beibehalten und können dann den Eindruck einer höheren morphologischen Kompetenz entstehen lassen, als es den tatsächlichen produktiven Fertigkeiten der Individuen entspricht (Polinsky / Kagan 2007: 379 f.).

Im **syntaktischen Bereich** sind verhältnismäßig wenig Innovationen in der Grammatik von HS beschrieben worden. Vorliegende Beobachtungen betreffen v. a. den Abbau flexibler Wortstellungsmuster in Sprachen mit relativ freier Wortstellung zugunsten einiger grundlegender Wortstellungsmuster, die übergeneralisiert werden. Betroffen ist hier z. B. der Abbau von Inversion, d. h. der Voranstellung des Verbs vor dem Subjekt in bestimmten Satzmustern, wie etwa bei Fragesätzen im Deutschen (vgl. Überblick bei Polinsky / Kagan 2007: 382), oder die Platzierung von attributiven Adjektiven. So stellen Herkunftssprecher des Italienischen in Deutschland oft attributive Adjektive wie im Deutschen dem Substantiv voran, die im Italienischen nachgestellt werden müssten (Kupisch 2014: 227):

(6)	ital.	*quando*	*era*	*un*	**piccolo*
		als	sein-Impf.3Sg	ein-Nom.Sg.mask	klein-Nom.Sg.mask
		bambino.		(statt korrekt *bambino piccolo*)	
		Junge-Nom.Sg			
		‚als er ein kleiner Junge war‘			

Herkunftssprecher neigen darüber hinaus auch dazu, in den Diskurs bereits eingeführte Elemente lieber stets explizit zu benennen als Möglichkeiten zu nutzen, diese durch Pronomina zu ersetzen oder gänzlich wegzulassen. So ist für mehrere HS, die über die strukturelle Möglichkeit verfügen, Subjektspronomina im Satz auszulassen (sog. Nullsubjektsprachen wie Spanisch, Italienisch, Griechisch oder Kroatisch), beschrieben worden, dass Herkunftssprecher dazu tendieren, Subjekte auch dann zu setzen, wenn sie eigentlich weggelassen werden könnten, wodurch der Eindruck einer unnötigen Redundanz entsteht (vgl. Überblick bei Benmamoun / Montrul / Polinsky 2013b: 149). Diese Veränderungen werden entweder durch Einflüsse der Umgebungssprache oder generelle Probleme der Verarbeitung von Elementen, die neben der rein syntaktischen auch die diskurspragmatische Ebene betreffen (Schnittstellen-Phänomene), erklärt. So verwendet das Kind im folgenden Beispiel in seiner HS Italienisch das Subjekt *babbo* ‚Papa', obwohl der Referent durch die vorangehende Replik der Mutter bereits eingeführt ist, wobei die Mutter in ihrem zweiten Satz sogar selbst das Subjekt bereits auslässt (angezeigt in der Übersetzung durch Ø), was aber vom Kind nicht repliziert wird (Müller et al. 2011: 172):

(7)	ital.	Mutter:	*Dov'è*	*il*	*babbo?*	
			Wo-sein-Präs.3Sg	der-Nom.Sg.mask	Papa-Nom.Sg	
			È	*fuori*	*casa?*	
			sein-Präs.3Sg	außer	Haus	
			‚Wo ist der Papa? Ist Ø außer Haus?'			
		Kind:	*È*	*fuori*	*casa*	*babbo?*
			Sein-Präs.3Sg	außer	Haus	Papa-Nom.Sg
			‚Ist außer Haus Papa?'			

Die **Lexik** repräsentiert den Bereich, in dem Abweichungen vom Sprachgebrauch Monolingualer am deutlichsten sichtbar werden. Aufgrund ihrer Zweisprachigkeit sind Herkunftssprecher in der Lage, im Redefluss auf beide Sprachen zurückzugreifen, d. h. innerhalb einer Äußerungen von der HS in die Sprache der Mehrheitsgesellschaft zu wechseln (**„Code-Switching"**) und vice versa, vgl. folgendes Beispiel aus einem Gespräch bosnischer und kroatischer Herkunftssprecher aus Kärnten (aus Doleschal / Mikić 2018):

(8)	kroat.	*znaš*	*šta*	*ćemo /*	*mi*	*ćemo*
		wissen-Präs.2Sg	was	werden-1Pl	wir-Nom	werden-1Pl
		am sechsten aufa fohrn dann / tua ma feiern / und donn fohr ma wieder obe.				
		‚weißt du was wir werden / wir werden am sechsten hochfahren / dann tun wir feiern / und dann fahren wir wieder runter.'				

Diese Form des Alternierens zwischen beiden Sprachen wird oft negativ als Zeichen mangelnder sprachlicher Kompetenzen in beiden Sprachen („doppelte

Halbsprachigkeit“) gewertet, und zwar sowohl von Vertretern der Mehrheitsgesellschaft als auch von Herkunftssprechern selbst (vgl. Gardner-Chloros 2009: 14f., 81f.). Tatsächlich lässt sich aber zeigen, dass Herkunftssprecher in der Regel nur dann auf Code-Switching-Strategien zurückgreifen, wenn sie mit Partnern kommunizieren, bei denen sie davon ausgehen können, dass sie zweisprachig sind und Einschübe in der zweiten Sprache verstehen können. Zudem folgt der Wechsel meistens sprachstrukturellen Regularitäten (vgl. Poplack 1980, Myers-Scotton 1993, Muysken 2000) und bedient spezifische pragmatische Funktionen (vgl. Auer 1999), erfolgt also keineswegs willkürlich. Insofern ist der Rückgriff auf Code-Switching nicht als Indiz defizitärer Sprachkenntnisse, sondern als Nutzung spezifischer sprachlicher Ressourcen mehrsprachiger Individuen einzuschätzen, die zudem identitätsstiftenden Charakter haben kann (vgl. Hinnenkamp / Meng 2005). Die kreative Nutzung aller zur Verfügung stehenden sprachlichen Ressourcen durch mehrsprachige Individuen für die Kommunikation, ohne Berücksichtigung des Konstrukts von Sprachgrenzen, wird in Linguistik und Sprachdidaktik heute als *Translanguaging* bezeichnet (vgl. Garcia / Wei 2014, Becker 2016).

Die Motivationen, in einer konkreten Situation auf die jeweils andere Sprache zurückzugreifen, reichen von Problemen bei der Findung von herkunftssprachlichen Äquivalenten zur Bezeichnung von Konzepten, die typisch für die umgebende, aber nicht für die Herkunftskultur sind (**„referenzielles Code-Switching“**, vgl. Beispiel 9 zur HS Türkisch, entnommen aus Küppers / Şimşek / Schroeder 2015: 37), über die sprachliche Selektion eines bestimmten Adressaten (bei Gruppengesprächen), die Betonung der eigenen bilingualen Identität bis hin zur Markierung einer Redewiedergabe (Zitat, vgl. Beispiel 10 zur HS Türkisch, entnommen aus Hinnenkamp 2005: 61), eines Kommentars, Themenwechsels oder zum Ausdruck von Ironie (**„diskursbezogenes Code-Switching“**, vgl. Auer 1999):

(9)	türk.	*Söylü-yor-lar*	*ki*	*‚hausord-nung*	*yaz-acak-sınız‘.*
		sagen-Ipf.Pl	dass		schreiben-Fut.2Pl
		‚Sie sagen, dass ihr die Hausordnung niederschreiben müsst.‘			

(10) türk.

İndim,	*Selda'yi*	*arıyom*	
heraus-gehen-Prät.1Sg	Selda-Akk.Sg	suchen-Präs.1Sg	
bakıyom.	*Bi*	*baktım*	*Matthias'ı*
umschauen-Präs.1Sg	da	sehen-Prät.1Sg	Matthias-Akk.Sg
diyor	*hey kannsch du mi: mitnehmen?*		
sagen-Präs.3Sg			

‚Bin ausgestiegen, ich suche nach Selda, schaue mich um. Da sah ich Matthias, er sagt: hey, kannst du mich mitnehmen?'

Erfolgt der Sprachwechsel nur für ein einzelnes Wort, lassen sich verschiedene Strategien beobachten: Entweder wird das Wort aus der anderen Sprache einfach in die herkunftssprachliche Äußerung eingeschoben, ohne es an das lautliche und morphologische System der HS anzupassen (**„Insertion"**, vgl. Beispiel 9), oder aber das übernommene Wort wird lautlich bzw. morphologisch an die HS angeglichen, sodass zumindest in der lautlichen und grammatischen Struktur für die Äußerung die HS durchgehend beibehalten und das aufgenommene Wort als (spontane) **Entlehnung** behandelt wird:

(11) poln.

Potrzeba	*te*	*wszystkie*	**passy,*
braucht-Präs.3Sg	diese-Akk.Pl	alle-Akk.Pl	*Pass-Akk.Pl
które	*masz.*	(Projektbeispiel)	
RelPron-Akk.Pl	haben-Präs.2Sg		

‚Man braucht die ganzen Pässe, die du hast.'

Neben der Übernahme ganzer Passagen oder einzelner Wörter aus der Sprache der Mehrheitsgesellschaft finden sich auch Fälle nicht-materieller Transfers, bei denen versucht wird, Wortverbindungen oder Einzelwörter der Umgebungssprache mit Mitteln der HS auszudrücken (vgl. Karl 2012). Im Ergebnis werden mehrgliedrige Wortverbindungen der Sprache der Mehrheitsgesellschaft einfach Wort für Wort oder annähernd in die HS übertragen, wobei diese **Lehnübertragung** nicht ohne Weiteres für monolinguale Sprecher verständlich ist.

So ist zweifelhaft, ob ein monolingualer Adressat von Beispiel (12) verstanden hätte, dass es hier um einen Personalausweis (poln. *dowód osobisty*) geht:

(12)	poln.	*Potrzebuje*	*twoją*	*personalną*
		benötigen-Präs.3Sg	dein-Akk.Sg.fem	persönlich-Akk.Sg.fem
		kartę.	(Projektbeispiel)	
		Karte-Akk.Sg		
		‚Er benötigt deine Personalkarte.'		

Genauso kann ein Wort aus der HS unter dem Einfluss eines polysemen Äquivalents aus der Sprache der Mehrheitsgesellschaft eine neue Bedeutung bekommen (**Lehnsemantik, Bedeutungstransfer**). So überträgt der Herkunftssprecher eines schweizerdeutschen Dialekts aus Kansas im folgenden Beispiel die Polysemie der englischen Konjunktion *when* (1. temporal ‚als', 2. konditional ‚wenn, falls') auf die homophone (konditionale) Konjunktion *wenn* in seiner schweizerdeutschen HS (aus Hopp / Putnam 2015: 196):

(13)	schw.-dt.	*wenn mir erscht geheirat henn*
		‚als wir zuerst geheiratet hatten'

Abgesehen von diesen klar erkennbaren Einflüssen der Kontaktsprache sind weitere Regularitäten bezüglich des Wortschatzes von Herkunftssprechern beschrieben worden. So scheinen Verben in der HS prinzipiell besser erhalten zu werden als Substantive und Adjektive mit gleicher Verwendungsfrequenz (Benmamoun / Montrul / Polinsky 2013b: 148). Die Unterschiede zwischen den einzelnen Wortarten sind dabei stärker ausgeprägt als Unterschiede zwischen hoch- und weniger frequenten Wörtern innerhalb derselben Wortart, wobei auch die Verwendungshäufigkeit der Wörter einen wichtigen Faktor beim Erhalt lexikalischer Kompetenzen in der HS darstellt (vgl. Anstatt 2011).

3.5 Herkunftssprecher im Vergleich zu Fremdsprachenlernern

Während der Fokus im vorangegangenen Kapitel auf einem Vergleich von Herkunftssprechern mit monolingualen Sprechern derselben Sprache lag, wobei zwangsläufig die Unterschiede eine stärkere Rolle gespielt haben als die Gemeinsamkeiten, möchten wir nun einen Vergleich mit Fremdsprachenlernenden vornehmen, der die spezifischen Potenziale der Gruppe der Herkunftssprecher besser verdeutlicht. Tatsächlich ergeben sich bei einem Vergleich von

Herkunftssprechern mit Fremdsprachenlernern derselben Sprache Gemeinsamkeiten und Unterschiede, die sich schon auf der Ebene des Erwerbskontexts zeigen:

Faktoren	Herkunftssprecher	Fremdsprachenlerner
Erwerbsbeginn	früh (Geburt)	spät (Schule)
Kontext	natürlich (Familie)	institutionalisiert (Schule)
Art des Inputs	mündlich	mündlich & schriftlich
Quantität des Inputs	variiert	
Qualität des Inputs	abhängig von Umgebung	

Tab. 1: Erwerbsbedingungen bei Herkunftssprechern und Fremdsprachenlernern (nach Montrul 2012: 7)

Bei Fremdsprachenlernern bleiben Status und Funktion der beiden Sprachen im Verlauf ihrer sprachlichen Entwicklung konstant: Die Erstsprache ist nicht nur die zuerst erworbene Sprache, sondern gleichzeitig (in der Regel) auch die Sprache der umgebenden Gesellschaft und wird daher polyvalent für verschiedene Kommunikationsbereiche verwendet. Die Zweitsprache ist demgegenüber beschränkt auf die Schule und bleibt (im Normalfall) die schwächere Sprache. Herkunftssprecher erleben dagegen im typischen Fall einen Wandel in Status und Funktion der Sprachen: Die HS wird zuerst erworben und stellt bis zum Eintritt in die Bildungsinstitutionen – zumindest für den Fall, dass beide Eltern die HS in der Familie verwenden – die funktional wichtigere Sprache dar. Danach übernimmt die Sprache der Mehrheitsgesellschaft nahezu alle Funktionen und drängt den Gebrauch der HS oft selbst im familiären Umfeld zurück. Dies bleibt häufig nicht ohne Folgen für die Entwicklung der sprachlichen Kompetenzen, was dazu führt, dass die Sprache der Mehrheitsgesellschaft die HS als dominante Sprache ablösen kann (vgl. Montrul 2012: 4 f.).

Für beide Gruppen gilt, dass sich eine sehr große Variabilität zwischen den Individuen im Hinblick auf die Kompetenzen in der Herkunfts- bzw. Fremdsprache ergibt. Allerdings zeigen sich Unterschiede zwischen Herkunftssprechern und Fremdsprachenlernern dahingehend, dass Herkunftssprecher in bestimmten sprachlichen Bereichen deutlich näher an monolinguale Kompetenzen heranreichen als Fremdsprachenlerner. Dies trifft v. a. für phonetisch-phonologische Kompetenzen (produktiv wie rezeptiv) und für syntaktische

Phänomene zu, die früh erworben werden (z.B. Wortstellungsregularitäten). Hier profitieren Herkunftssprecher offenbar deutlich davon, dass sie wesentlich früher mit der HS in Kontakt kommen als Fremdsprachenlerner mit ihren Fremdsprachen, was auf die Existenz sensibler Phasen im Erstspracherwerb verweist. Dagegen zeigen sich kaum Unterschiede zwischen den beiden Gruppen im Hinblick auf Fertigkeiten in Morphologie, Morphosyntax und selbst im Wortschatz. Herkunftssprecher weisen oft dieselben Abweichungen bei der Realisierung von Kasusformen und in der Markierung von Kongruenz auf wie erwachsene Fremdsprachenlerner. In der Lexik lassen sich lediglich Frequenzeffekte beobachten, d.h. Fremdsprachenlerner sind besser bei der Beherrschung von Wörtern, die spät in ihrer L1, aber früh in der L2 erworben werden, während sich bei Herkunftssprechern der umgekehrte Effekt beobachten lässt (vgl. Montrul 2012). Montrul (2012: 13–16) weist auch darauf hin, dass die Relation der Ergebnisse von Herkunftssprachen- und Fremdsprachenlernern von den Testformaten abhängt, die zur Erhebung sprachlicher Kompetenzen eingesetzt werden. So schneiden Herkunftssprecher besser bei mündlich durchgeführten Tests ab bzw. zeigen eine bessere Vertrautheit mit Merkmalen, die typisch für gesprochene Formen der HS sind, während Fremdsprachenlerner bei schriftlich zu lösenden Aufgaben bessere Resultate erzielen. Herkunftssprecher profitieren also von ihrem häufigeren Zugang zu gesprochenen Formen der HS und einem daher stärker implizit-automatisiert angelegten Sprachwissen, während Fremdsprachenlerner durch Besuch von Unterricht über ein besseres metasprachliches Wissen über Strukturen (v.a. der geschriebenen Sprache) der HS verfügen.

3.6 Diagnostik von Fertigkeiten in der Herkunftssprache

Die Erfassung der sprachlichen Kompetenzen von Herkunftssprechern ist mit zahlreichen methodischen Problemen verbunden. Zum einen erschweren die enorme individuelle Variabilität der Sprachkenntnisse und die Vielfalt der außersprachlichen Faktoren, die den Erwerb beeinflussen, die Zusammenstellung einer repräsentativen Stichprobe. Es ist daher sinnvoll, zumindest einige dieser Faktoren (z.B. Alter beim Beginn des Erwerbs der Sprache der Mehrheitsgesellschaft) bei der Ziehung der Stichprobe konstant zu halten, um die untersuchten Individuen tatsächlich miteinander vergleichen zu können. Zum anderen variieren die Fertigkeiten nicht nur interindividuell, sondern auch intraindividuell, sowohl hinsichtlich verschiedener Kompetenzbereiche, als auch hinsichtlich der zeitlichen Entwicklung der sprachlichen Fertigkeiten bei einem einzelnen Individuum. Die meisten Studien fokussieren daher lediglich einzelne Kompetenzbereiche (Sprechen, Hörverstehen, Leseverstehen, Schreiben). Viele sprachwissenschaftliche Studien konzentrieren sich nur auf ausgewählte Einzelphänomene (z.B. Genuskongruenz, Kasusmorphologie, Wortstellung etc.), um Aussagen über Gemeinsamkeiten und Unterschiede zwischen Herkunftssprechern und Fremdsprachenlernern bzw. monolingualen Sprechern treffen zu können. Dazu werden entweder **spontansprachliche** („natürliche") **Daten** erhoben (z.B. Audioaufnahmen spontaner Gespräche) und / oder **experimentelle Verfahren der Datengewinnung** eingesetzt. Vorteil der experimentellen Verfahren ist, dass relativ zielgenau einschlägige Sprachdaten, die das zu untersuchende Phänomen beinhalten, gewonnen werden können.[19] Zu diesen experimentellen Verfahren zählen z.B. die Arbeit mit Bildstimuli (Bildbenennungsaufgaben, Verbalisierung von Bildergeschichten etc.), Nachsprech- bzw. Satzwiederholungsaufgaben oder die Erhebung von Akzeptabilitätsurteilen, bei denen Herkunftssprechern gezielt Strukturen in der HS vorgelegt werden, die diese im Hinblick auf ihre Akzeptabilität bzw. Grammatikalität bewerten sollen. Will man auch basilektale Herkunftssprecher in die Erhebung einbeziehen, sollten alle Aufgaben nicht nur in schriftlicher Form präsentiert, sondern auch als akustischer Stimulus vorgehalten werden. Gegen die Verwendung von **Grammatikalitätsurteilen** bei Herkunftssprechern ist eingewendet worden, dass diese oft über kein metalinguistisches Wissen in der HS verfügen und daher dazu neigen würden, die vorgelegten Strukturen relativ willkürlich zu bewerten (Polinsky / Kagan 2007: 380).[20]

Die meisten empirischen Studien zu HS sind als **Querschnittsuntersuchungen** angelegt, bei denen meist größere Populationen von Herkunftssprechern einer Altersgruppe miteinander verglichen werden oder aber verschiedene

19 Spontansprachliche Daten kommen somit zwar der natürlichen Sprachverwendung deutlich näher, ergeben aber für die Untersuchung einzelner Phänomene das Problem, dass Sprecher diese Strukturen auch mehr oder weniger bewusst vermeiden können und es somit schwierig wird, Quantifizierungen vorzunehmen und einzelne Sprecher miteinander zu vergleichen.

20 Anstatt (2013) konnte zeigen, dass die von ihr untersuchten polnischen Herkunftssprecher v.a. beim Akzeptieren korrekter Sätze größere Unsicherheiten aufwiesen als monolinguale Probanden. Generell ist auch bei der Auswertung von Akzeptabilitätsurteilen nicht per se davon auszugehen, dass diese direkt das internalisierte Wissen über die getestete Struktur widerspiegeln (vgl. Altenberg / Vago 2004).

Altersgruppen herangezogen und auf Gemeinsamkeiten und Unterschiede untersucht werden. Diese Vergleiche dienen meistens der Rekonstruktion von Entwicklungen (Stagnation, Progression, Attrition) im Erwerb der HS. Allerdings ist aufgrund der großen Heterogenität von Herkunftssprechern bei Gruppenvergleichen Vorsicht geboten, da nicht ohne Weiteres von einer Vergleichbarkeit verschiedener Populationen ausgegangen werden kann. Für die Untersuchung von Entwicklungen beim HS-Erwerb im Zeitverlauf eignen sich daher **Longitudinalstudien** besser. Aufgrund der Herausforderungen einer solchen Langzeituntersuchung sind derartige Studien allerdings die Ausnahme geblieben und meist nur auf wenige Individuen beschränkt (vgl. jedoch Meng 2001, Meng / Protassova 2017). Mit der Verfolgung der sprachlichen Entwicklung über einen längeren Lebensabschnitt der Probanden hinweg lassen sich Phänomene der Attrition methodisch klar von Phänomenen eines ab-/unterbrochenen bzw. verspäteten Erwerbs trennen (vgl. Kap. 3.3).

Zur schnellen und globalen Einschätzung des Sprachstands von Herkunftssprechern in ihrer HS eignen sich verschiedene Methoden (vgl. Polinsky / Kagan 2007):

1. **Selbsteinschätzung der Individuen** (möglichst differenziert erhoben nach Sprechen, Schreiben, Lese- und Hörverstehen und in Anlehnung an die Kriterien des Gemeinsamen europäischen Referenzrahmens für Sprachen);
2. **Mündliches Interview** zu Aspekten der Sprachbiografie und familiären Sprachverwendung;
3. **Kurzer schriftlicher Essay** (sofern Alphabetisierung in der HS vorliegt);
4. Analyse der **Sprechgeschwindigkeit** in spontan gesprochener HS (gemessen in Wörtern / Min.);
5. Analyse des **Umfangs des aktiven Wortschatzes** (z. B. mittels Übersetzung von Vokabellisten mit Wörtern unterschiedlicher Verwendungshäufigkeiten).

Die hier aufgelisteten Verfahren lassen sich relativ problemlos und mit geringem Zeitaufwand durchführen, ergeben aber ein breites Bild der sprachlichen Fähigkeiten eines Individuums in der HS. Eine separate Testung grammatischer Kompetenzen ist nicht nötig, da in verschiedenen Studien zu unterschiedlichen HS nachgewiesen werden konnte, dass die lexikalische Kompetenz in der HS (gemessen mit einem Vokabeltest[21]) signifikant mit Resultaten aus Tests zu grammatischen Fertigkeiten derselben Individuen korreliert ist (vgl. u. a. Polinsky 1997, 2006, O'Grady et al. 2009, Brehmer 2016).

Im Rahmen der Diskussion um die Implementierung von Sprachfördermaßnahmen sowohl für ein- als auch für zweisprachige Kinder im deutschen Bildungssystem sind seit der Jahrtausendwende methodische Anforderungen und Standards für normierte und regelmäßig durchgeführte Sprachstandserhebungen formuliert worden (vgl. Ehlich et al. 2007). Dies schließt nicht nur die Sprachstandsdiagnostik im Deutschen ein, die v.a. auf dem Hintergrund der Debatten um das schlechte Abschneiden deutscher Schüler mit und ohne Migrationshintergrund im Rahmen international vergleichender Schulleistungsstudien in den Mittelpunkt des Interesses rückte, sondern auch die Zweisprachigkeitsdiagnostik. Ziel ist hier, einen Einblick in die allgemeine Sprachfähigkeit bilingualer Kinder in beiden Sprachen zu erhalten, wobei der Schwerpunkt der vorgeschlagenen Verfahren auf der Ermittlung produktiver Kompetenzen liegt. Die über die Sprachstandsdiagnose-Verfahren gewonnenen Sprecherprofile können dann im Hinblick auf beide Sprachen anhand ausgewählter, möglichst für beide Sprachen gleichermaßen anzusetzender sprachlicher Merkmale und Fertigkeiten verglichen werden. In den letzten Jahren sind – meist im Rahmen von Projekten und unter Zusammenarbeit von Bildungs- und Sprachwissenschaftlern – verschiedene Sprachstandsverfahren entwickelt worden, mit denen gezielt Fertigkeiten in beiden Sprachen untersucht werden sollen, wobei, wie erwähnt, ein globales Bild der Sprachkompetenzen gewonnen werden soll (vgl. Überblick bei Reich 2007: 160–164). Diese Verfahren zielen jeweils auf eine bestimmte Altersgruppe und wurden anhand großer Stichproben einer statistischen Überprüfung unterzogen. Zu diesen Sprachstandsmessungsverfahren gehören z. B.[22]

21 Im Rahmen unseres Projekts konnten wir nachweisen, dass die Erfassung des Wortschatzumfangs in der HS anhand einer Aufgabe zur Vokabelübersetzung die höchste Korrelation aufwies mit allen anderen Tests, die wir zur Messung lexikalischer Kompetenzen eingesetzt hatten (Verbal Fluency Task, Bildbenennung u.a.) (vgl. Brehmer / Kurbangulova / Winski 2016).

22 Die Auswahl erhebt keinen Anspruch auf Vollständigkeit, sondern umfasst lediglich Verfahren, die im Rahmen des FörMig-Projekts von Hans H. Reich und Hans-Jürgen Roth entwickelt wurden und für die Versionen in mehreren HS vorliegen; eine nähere Beschreibung dieser Verfahren einschließlich Hinweisen zur Zugänglichkeit, Auswertung und weiterführenden Publikationen findet sich unter https://www.foermig.uni-

- **HAVAS 5:** Zielgruppe: fünf- bis siebenjährige Kinder; Aufgabe: Versprachlichung einer Bildergeschichte („Katze und Vogel", mündlich); Versionen für: Deutsch, Türkisch, Russisch, Polnisch, Italienisch, Spanisch, Portugiesisch; Ziel: Erstellung eines Sprecherprofils unter Berücksichtigung der Aufgabenbewältigung und der vom Kind angewendeten interaktiven Strategien sowie folgender Sprachstandsindikatoren: verbaler Wortschatz, morphologische und syntaktische Indikatoren (sprachspezifisch);
- **„Das Tulpenbeet":** Zielgruppe: Schüler der Klassen 4 bis 6; Aufgabe: Bildimpuls zur Erstellung eines schriftlichen Textes; Versionen für: Deutsch, Türkisch, Russisch; Ziel: Ermittlung der Text- und Erzählkompetenz (narrative Bildungssprache) durch Erfassung lexikalischer, grammatischer und textueller Sprachstandsindikatoren;
- **„Fast Catch Bumerang":** Zielgruppe: Schüler am Übergang von Sekundarstufe I in die berufliche Bildung; Aufgabe: Verfassen eines Bewerbungsschreibens und einer Bauanleitung für einen Bumerang anhand von Bildimpulsen; Versionen für: Deutsch, Türkisch, Russisch; Ziel: Profilanalyse im Hinblick auf die Ausbildung bildungs- und fachsprachlicher Fähigkeiten, Erfassung der Aufgabenbewältigung sowie textueller, syntaktischer, morphologischer und lexikalischer Sprachstandsindikatoren (z. T. sprachspezifisch).

3.7 Aufgaben

1. Ordnen Sie die folgenden drei Sprecherprofile (entnommen aus unserem Forschungsprojekt zu russischsprachigen Jugendlichen in Deutschland, Namen verändert) jeweils einem der drei Herkunftssprecher-Typen (basilektal – mesolektal – akrolektal) zu und begründen Sie Ihre Entscheidung.
   a) Sofia wurde im Jahr 2000 in Krasnodar geboren und kam mit drei Jahren nach Deutschland. Das Lesen auf Russisch hat sie sich als Kind selbst anhand von Kinderbüchern beigebracht, die ihr die Großmutter aus Russland mitbrachte. Seit kurzem lernt sie Russisch im Fremdsprachenunterricht an ihrem Gymnasium, wo sie auch Schreiben gelernt hat. Beim Sprechen wechselt sie öfter ins Deutsche, wenn ihr der

hamburg.de/publikationen/diagnoseinstrumente.html. Für einzelne HS liegen weitere standardisierte Erhebungsverfahren vor, vgl. z. B. für Russisch Gagarina / Klassert / Topaj (2010).

Wortschatz im Russischen ausgeht oder sie emotional wird. Außerhalb der Schule liest sie nicht auf Russisch und schreibt nur ab und zu in sozialen Netzwerken auf Russisch. Ihr Hörverstehen im Alltag ist sehr gut, sie hat nur beim Verstehen von Fernsehsendungen auf Russisch (Nachrichten) Probleme. In der Grammatik kommen Fehler vor, sie beschäftigt sich erst seit Beginn des Russischunterrichts mit der russischen Grammatik.

b) Irina wurde 2002 in Russland geboren und siedelte als Kontingentflüchtling mit den Eltern nach Deutschland um, als sie 1 Jahr und 2 Monate alt war. Seit sie 4 Jahre alt ist, besucht sie Unterricht in ihrer HS. Sie weist ein sehr gutes Hörverstehen in der HS auf, zumindest solange das Redetempo nicht zu schnell wird. Sie liest Bücher auf Russisch und schreibt auch gelegentlich, wobei sie orthografische Fehler macht, die das Verständnis des Textes aber nicht behindern. Sie spricht akzentfreies Russisch und weist einen ausgebauten Wortschatz auf.

c) Jochen wurde 2001 in Hamburg geboren, seine Eltern kommen aus Kasachstan bzw. Sibirien. Bis er in den Kindergarten ging, sprach er eigenen Angaben zufolge noch fließend Russisch. Im Kindergarten begann er fast nur noch auf Deutsch zu kommunizieren, sein Russisch habe sich danach sukzessive verschlechtert. Seine Großmutter habe versucht, ihm die kyrillische Schrift beizubringen, aber sie hätten sich zu selten gesehen, um dieses Ziel zu verwirklichen. An einige Buchstaben erinnert er sich aber noch. Die schriftlichen Aufgaben in unserem Projekt löst er in einer lateinischen Umschrift des Russischen. Beim Sprechen mit den Großeltern benutzt er meistens Deutsch und streut nur Gruß- und Abschiedsfloskeln auf Russisch ein. Sein Hörverstehen schätzt er als mittelmäßig, aber alltagstauglich ein. Wortschatz und Grammatik bewertet er als sehr schlecht.

2. Erläutern Sie, warum es methodisch problematisch ist, Herkunftssprecher im Hinblick auf ihre Fertigkeiten in der HS sowohl mit gleichaltrigen monolingual aufgewachsenen Individuen als auch mit Fremdsprachenlernern zu vergleichen. Wie müsste eine Kontrollgruppe aussehen, um z. B. die sprachlichen Leistungen von in Deutschland lebenden italienischstämmigen Grundschulkindern im Italienischen adäquat einschätzen zu können?

3. Welche Einflüsse aus dem Deutschen lassen sich im folgenden Gesprächsmitschnitt zweier in Deutschland aufgewachsener türkischer Herkunfts-

sprecher E. und H. beobachten (entnommen aus Hinnenkamp 2005: 57 f.)? Wo findet Code-Switching statt, wie werden die deutschen Einsprengsel in den türkischen Text eingegliedert und welche Motivationen verleiten die Sprecher möglicherweise zum temporären Sprachwechsel?

H: Nerde bu Initiativkreis?
E: Richtung Stadt böyle, ordan dümdüz gittiğin zaman Königsplatz çıkıyor karşına.
H: Ja: :, ich weiß.
E: Kennst du schon?
H: Ja.
E: Ja, işte ordan tam böyle hani o Initiativkreis tam böyle Mitte-ye geliyor. O Einbahnstraße-nin tam Mitte-sinde böyle. Orda.
H: Was is das fürn Ding, so kolpingmäßig, oder?
E: Nein, nicht kolpingmäßig böyle ehh Lernstudio, saz kursları, so was halt, ondan sonra alles mögliche.
H: Ja und was bringt des?
E: Ja, die verdienen Geld.
H: Ja und (lachend) orda para kaybediyor yani.
E: Nnnnnnn nich ganz.
H: Ne işe yarıyor?
E: Eh e Geld verdienen, Mann.

4. Selbsteinschätzungen von Herkunftssprechern werden häufig als Indikator für den Sprachstand in der HS herangezogen, v. a. dann, wenn es sich um HS handelt, die man selbst nicht beherrscht. Welche Problematik weisen Selbsteinschätzungen hinsichtlich ihres diagnostischen Werts auf?

3.8 Weiterführende Literaturhinweise

Einen kompakten Überblick über sprachliche Spezifika von HS bieten die 2018 erscheinende Monografie von Polinsky (i. Dr.) sowie die programmatischen Artikel von Benmamoun / Montrul / Polinsky (2013a, b). Speziell mit der Rolle des Alters beim Erwerb von HS beschäftigt sich Montrul (2008), während Montrul (2016) allgemeine Aspekte des HS-Erwerbs thematisiert und ausführlich auf Gemeinsamkeiten und Unterschiede zwischen HS-Sprechern und Fremdsprachenlernern eingeht. Alle bislang genannten Arbeiten berücksichtigen zwar auch Forschungen aus dem europäischen Kontext, haben ihren Schwerpunkt aber klar auf HS in den USA. Überblicksdarstellungen zu einigen in Deutschland weit verbreiteten HS (Polnisch, Russisch, Türkisch) bieten die Beiträge in Brehmer / Mehlhorn (2015b).

Zur Rolle von außersprachlichen Faktoren für den Erwerb und Erhalt von HS lohnt sich ein Blick in die empirische Studie von Gagarina et al. (2014), speziell zur Qualität des Inputs auch Rothman (2007). Das Auftreten von Transfers aus der Sprache der Mehrheitsgesellschaft in der HS thematisiert Silva-Corvalán (1994) am Beispiel des Spanischen in den USA, allgemein zum Transfer vgl. auch das Standardwerk von Odlin (1989). Als deutschsprachige Einführung in die allgemeine Sprachkontakt-Forschung verweisen wir auf Riehl (2014) und speziell zum Code-Switching auf Müller et al. (2015). Zur Attrition der Erstsprache sind in den letzten Jahren sehr viele Studien erschienen, wir empfehlen hier die Einführung von Schmid (2011). Dort finden sich auch ausführliche Hinweise auf methodische Aspekte der experimentellen Erfassung von Sprachständen bei Herkunftssprechern bzw. generell bilingualen Sprechern. Einen Überblick über verschiedene Testverfahren bieten auch die Beiträge in Blom / Unsworth (2010) und Armon-Lotem / de Jong / Meir (2015). Ehlich et al. (2007) sei allen empfohlen, die sich für einen Überblick über methodische Grundlagen und Verfahren der standardisierten Sprachstandsdiagnose bei ein- und zweisprachigen Kindern interessieren. In Ergänzung dazu ist Ehlich / Bredel / Reich (2008) zu lesen, da in diesem Band Indikatoren für die Diagnose zum Stand der Sprachaneignung auf verschiedenen Sprachebenen bei ein- und zweisprachigen Kindern diskutiert werden, wobei auch kurz mögliche Indikatoren für die kindliche Sprachentwicklung in zwei HS (Russisch, Türkisch) zur Sprache kommen. Für die Umsetzung von Sprachprofilanalysen bei zweisprachigen Kindern mit Angaben zur Entwicklung in beiden Sprachen ist Reich (2009) ein gutes Beispiel.

4 Herkunftssprachen im familiären Kontext

Wer spricht mit wem wann unter welchen Bedingungen in der Herkunftssprache? Kapitel 4.1 beleuchtet den Sprachgebrauch in der Familie und geht auf Sprachmittlungserfahrungen im mehrsprachigen Alltag von Herkunftssprechern und Reisen ins Herkunftsland ein. Im Anschluss werden verschiedene Szenarien der Spracherziehung sowie Pro- und Contra-Argumente für den Gebrauch einer nichtdeutschen Familiensprache aus Elternsicht erläutert (Kap. 4.2) und dargestellt, wie die HS die Identität ihrer Sprecher beeinflusst (Kap. 4.3).

4.1 Sprachgebrauch

Durch die Verwendung der HS fast ausschließlich im familiären Kontext sind es in der Regel Alltagsthemen, die die Kommunikation bestimmen; somit bleibt der Sprachgebrauch meist auf gesprochene Umgangssprache und wenige Register beschränkt. Längst nicht alle Herkunftssprecher sind in ihrer HS literalisiert, und selbst wenn ihnen – von den Eltern oder in separatem Unterricht – das Lesen und Schreiben in der HS beigebracht wurde, gibt es im Alltag in Deutschland selten die Notwendigkeit, in der HS lesen oder schreiben zu müssen, sodass die schriftsprachlichen Kompetenzen entsprechend selten zur Anwendung kommen und längst nicht das Niveau erreichen, das diese Herkunftssprecher im Deutschen aufweisen (vgl. Kap. 2.5).

Strobel und Kristen (2015) zeigen anhand von Analysen von Daten des Nationalen Bildungspanels Unterschiede im Gebrauch der HS zwischen verschiedenen Migrantengruppen. So verwenden Aussiedler und Spätaussiedler aus Polen und der ehemaligen Sowjetunion seltener die HS als andere aus diesen Gebieten stammende Zuwanderer. Gleichzeitig nutzen Befragte aus der ehemaligen Sowjetunion die HS häufiger als Migranten aus Polen. In der türkischen Gruppe ist die Sprache des Herkunftslandes am weitesten verbreitet. Darüber hinaus lässt sich zeigen, dass die HS im Erwachsenenalter in allen Gruppen seltener verwendet wird als in der Kindheit.

4.1.1 Sprachmittlung im Alltag von Herkunftssprechern

Mehrsprachige Kinder und Jugendliche agieren im familiären Alltag oft als informelle „Sprachmittler“ für Großeltern, Eltern, Geschwister und Freunde. Sie

- dolmetschen in Geschäften,
- erläutern Aufschriften, die Bestandteile und Zubereitung von Lebensmitteln oder auch Gebrauchsanweisungen,
- helfen, offizielle Briefe auf Deutsch zu verstehen und zu schreiben,
- mitteln Schlüsselbegriffe beim Fernsehen,
- übernehmen Telefonate für Verwandte,
- helfen jüngeren Geschwistern mit schlechteren Kenntnissen in der Herkunftssprache beim Verstehen von Kinderbüchern und Trickfilmen,
- dolmetschen bei Arztbesuchen (vgl. Mehlhorn 2016, 2018).

Viele Eltern greifen gern auf die „Dolmetschdienste“ ihrer Kinder zurück; manche sehen das Sprachmitteln sogar als hilfreiches Training für das Selbstwertgefühl des Jugendlichen. Die Kinder und Jugendlichen erfahren sich durch sprachmittelnde Tätigkeiten mit ihrer Mehrsprachigkeit im familiären Alltag als kompetent (vgl. Mehlhorn / Yastrebova 2017). Seltener kommen diese sprachmittlerischen Kompetenzen auch im schulischen Alltag bzw. bei außerunterrichtlichen Veranstaltungen wie Klassenfahrten in den Blick. Dirim (2008: 231) beklagt, dass die Sprachmittlungskompetenzen als „unerwartetes Nebenprodukt“ mehrsprachiger Kommunikation bisher kaum Eingang in wissenschaftliche Untersuchungen gefunden haben.

Während das Sprachmitteln oder „informelle Dolmetschen“ im familiären Alltag v.a. Vorzüge hat, kann es in offiziellen Kontexten – etwa bei Behörden für Eltern mit schwachen Deutschkenntnissen – die Herkunftssprecher auch in Rollenkonflikte bringen und nicht nur zu sprachlicher, sondern auch emotionaler Überforderung führen.

4.1.2 Reisen ins Herkunftsland

Lüttenberg (2010: 305) weist darauf hin, dass

> [d]ie Situation vieler Migranten […] heutzutage dadurch gekennzeichnet [ist], dass über Jahre hinweg eine enge Beziehung zum Heimatland gepflegt wird. Diese Kontakte werden vor allem in den letzten Jahren durch neue elektronische Kommunikationsmedien, Reisefreiheit und gesteigerte Mobilität erleichtert. Soziologen sprechen

> heutzutage von einer neuen Form der Migration: der Transmigration, bei der es – im Unterschied zu früheren Migrationsformen – zu einer dauerhaften wirtschaftlichen, verwandtschaftlichen, religiösen, kulturellen, politischen ‚doppelten Verankerung' der Menschen in zwei Ländern kommt.

Diese führe auch zu einer doppelten Verankerung in der Sprache.

Reisen ins Herkunftsland bewirken aufgrund der Immersionssituation vor Ort bei vielen Kindern und Jugendlichen oft einen regelrechten „Sprachschub" in der HS, der mit einem vermehrten Gebrauch der Familiensprache einhergeht. Auch hier zeigen sich Unterschiede in der Frequenz solcher Reisen bei verschiedenen Migrantengruppen. Viele Kinder aus türkischsprachigen Familien verbringen einen Großteil ihrer Schulferien in der Türkei. Die in unserem Projekt untersuchten russischsprachigen Jugendlichen fahren dagegen wesentlich seltener ins russischsprachige Ausland: manche einmal in mehreren Jahren, einige waren lediglich als Kleinkind dort oder haben nie selbst das Herkunftsland ihrer Eltern betreten. Im Gegensatz dazu verbringen sehr viele polnischsprachige Jugendliche die Ferien, längere Wochenenden und Feiertage bei den Verwandten in Polen. Diese Unterschiede haben zum Teil mit den verschiedenen Entfernungen, Reisekosten und dem unterschiedlichen organisatorischen Aufwand für solche Reisen zu tun, aber auch mit dem Ausreisegrund der Eltern. So finden sich unter Spätaussiedlern und Kontingentflüchtlingen bspw. häufiger Familien, die bewusst auf Distanz zu ihrer „alten Heimat" gehen. Bei Arbeits-, Ausbildungs- oder Heiratsmigranten ist das dagegen seltener der Fall.

4.2 Spracherziehung

Die unterschiedliche kommunikative Praxis in mehrsprachigen Familien ist eng mit der Spracherziehung verknüpft. In welcher Sprache / welchen Sprachen nach Deutschland eingewanderte Eltern ihre Kinder erziehen, hängt neben ihren eigenen Sprachkompetenzen (Sprechen beide Eltern dieselbe Muttersprache oder verschiedene? Wie gut beherrscht der deutschsprachige Partner die Muttersprache der Partnerin? Wie gut sind die Deutschkenntnisse der Eltern?) vom Alter der Kinder bei der Ankunft in Deutschland und v. a. von den **Einstellungen** der Eltern gegenüber der HS ab. Die folgenden Zitate aus Interviews mit russischsprachigen Eltern verdeutlichen dabei zwei konträre Positionen, wobei in der Familie von (14) mit den Kindern nur Russisch, in Familie (15) nur Deutsch gesprochen wird:

(14) *Weil wir die Großeltern und sehr viele Freunde in Moskau haben und wir miteinander in Kontakt stehen. Und wie wäre es dann für sie, den Kontakt zu verlieren? Die Sprache ist unbedingt notwendig.* (russischsprachige Mutter aus Leipzig, Übers.: GM)
(15) *Wir sind in Deutschland, die wichtigste Sprache ist hier Deutsch und alles andere kommt, falls es nötig wird.* (russischsprachige Mutter aus Hamburg, Übers.: GM)

Tatsächlich gibt es noch weitere Konstellationen. Typisch sind Fälle,

- in denen beide Partner bei der eigenen Kultur und Identität bleiben wollen,
- in denen sich ein Partner assimiliert und die eigene Herkunftskultur / -sprache aufgibt,
- in denen es zur Entstehung einer neuen gemischten Kultur und Familienidentität kommt (vgl. auch Jańczak 2013: 40).

In unseren Interviews haben wir polnisch- und russischsprachige Mütter befragt, aus welchen Gründen sie sich für oder gegen Polnisch bzw. Russisch als Kommunikationssprache mit dem Kind entschieden haben. Von einer intuitiven Entscheidung wird v. a. gesprochen, wenn beide Eltern Muttersprachler der HS sind. Die Mehrheit der Befragten äußerte den Wunsch, dass sich das Kind auf **natürliche** Weise mit seinen Eltern und Großeltern verständigen kann. Mehrere Mütter räumten zudem ein, dass ihre Deutschkenntnisse bei der Einreise unzureichend gewesen seien und dass sie ihren Kindern kein fehlerhaftes Deutsch mit Akzent beibringen wollten. Mehrere Mütter wurden durch die positive Erfahrung aus befreundeten Familien bestärkt und dadurch, dass ihre Kinder in der Schule gut zurechtkommen und Deutsch relativ schnell und problemlos erworben haben. Alle Befragten stimmten darin überein, dass Zweisprachigkeit erstrebenswert ist. Im Falle von sprachlich gemischten Ehepaaren wurde in der Regel eine konkrete Absprache über die zweisprachige Erziehung vereinbart, oft nach dem Prinzip *one person – one language*.

Den meisten Eltern ist es sehr wichtig, dass ihr Kind bestmöglich Deutsch lernt. Zum Teil wird das auch als Argument **gegen** die HS als alleinige Familiensprache angeführt: So sprechen einige Mütter in Vorbereitung auf Kita und Schule eher Deutsch mit ihrem Kind und lesen ihm auch auf Deutsch vor. Recht verbreitet ist auch die Sorge, die Zweisprachigkeit könnte zu Sprachdefiziten im Deutschen führen und die Kinder in der Schule emotional und kognitiv überfordern. Schließlich wird die ausschließliche Verwendung des Deutschen als Familiensprache auch damit begründet, dass der Partner und das gesamte Umfeld des Kindes deutschsprachig sind (vgl. Burkhardt et al. 2018).

Pro HS als Familiensprache	Contra HS als Familiensprache
▸ Intuition ▸ Bedürfnis zur Kommunikation mit Eltern und Großeltern ▸ schwache Deutschkenntnisse der Eltern ▸ gute Erfahrungen mit Zweisprachigkeit im Bekanntenkreis ▸ Erfahrung, dass Deutsch zügig erworben wird ▸ Zweisprachigkeit als erstrebenswertes Ziel ▸ Chancen auf Arbeit oder ein Studium im Herkunftsland[23] ▸ Lektüre von Ratgeberliteratur zur mehrsprachigen Erziehung	▸ größerer Aufwand bei der Kommunikation in zwei Familiensprachen ▸ Rücksicht auf den deutschen Partner und dessen Familie ▸ deutschsprachiges Umfeld ▸ Anspruch: ausgezeichnete Deutschkenntnisse des Kindes ▸ Assimilation in Deutschland als oberste Priorität ▸ sprachliche Vorbereitung des Kindes auf Kita und Schule ▸ Furcht vor kognitiver oder emotionaler Überforderung des Kindes ▸ Ratschläge von Kita-Erzieherinnen und anderen „Respektspersonen"

Tab. 2: Einstellungen zur HS als Familiensprache aus Elternperspektive

Einige Mütter erklärten in den Interviews, dass sie es im Nachhinein bereuen, bei der zweisprachigen Erziehung nicht konsequent genug gewesen zu sein, da ihr Kind die HS dadurch nur rudimentär beherrsche:

(16) *Ich bin traurig, aber das kommt von meiner, unserer Lebenssituation, dass ich die ganze Zeit unterwegs und von früh bis abends nicht da bin* [...] *und damit alles schnell funktioniert, spreche ich eben deutsch* [mit den Kindern], *aber ich bedaure das.* (polnische Mutter aus Berlin, Übers.: GM)

23 In diesem Kontext spielt auch eine mögliche Option der Rückkehr der Familie ins Herkunftsland eine Rolle. Tatsächlich gibt es gerade bei polnischsprachigen Familien einen hohen Anteil von Remigration (vgl. https://mediendienst-integration.de/migration/wer-kommt-wer-geht.html).

4.3 Herkunftssprache und Identität

Äußerungen bilingualer Jugendlicher zu ihrer Identität

Die folgenden Zitate stammen aus Interviews mit zweisprachigen Schülern in Berlin, Hamburg und Leipzig:

(17) *Also ich find das super, super cool, dass ich zwei Sprachen kann* (13-Jähriger aus Berlin)
(18) *Ich fühle mich russisch-deutsch, halb und halb* (12-Jährige aus Leipzig)
(19) *Also ich könnte mich jetzt nicht direkt für eine Sprache entscheiden. Da würde mir, wenn ich mich jetzt zum Beispiel für Russisch entscheide, fehlt mir dann immer noch was. Also ich brauche beide.* (12-Jähriger aus Leipzig)
(20) *ich wohn hier und hab auch meine Freunde und geh auf die Schule und schlafe hier und erlebe auch jeden Sonnenaufgang, aber in Polen bin ich nicht richtig, aber die ganzen Traditionen, Familie ist wieder da und hier erlebe ich halt alles und da ist halt die ganze Familie, also fühl ich mich eigentlich deutsch und polnisch. Also ich meine, die Hälfte ist polnisch und die andere ist deutsch* [...]. *Also ich sag immer // ich bin zweisprachig.* (12-Jährige aus Berlin)
(21) *In Polen fühl ich mich mehr polnisch und hier mehr deutsch.* (13-Jähriger aus Berlin)
(22) *Dann such ich mir halt aus jeder Kultur das Beste heraus und ich denke, das hat mein Leben auch sehr verändert im positiven Sinne* (13-Jähriger aus Hamburg)
(23) *Deutsch ist mir wichtiger als Polnisch, weil ich lebe ja in Deutschland.* (13-Jähriger aus Hamburg)
(24) *Mir gefällt Russisch viel besser als Deutsch.* [...] *Irgendwie finde ich, dass in Russland alles viel interessanter ist* [...]. *Dort fühle ich mich noch mehr als Russin, weil ich dann weiß, dass ich in der Heimat bin.* (13-Jährige aus Leipzig)

Sprache und Identität sind untrennbar miteinander verbunden. Bei Veränderungen der sprachlichen Umgebung kommt es oft zu sprachlichen Assimilationsprozessen, die das „multilinguale Selbst" mitbestimmen und verändern (vgl. Jessner 2003: 26). Menschen interagieren mit unterschiedlichen Identitäten, die untereinander und mit der Umwelt in kontinuierlicher Auseinandersetzung stehen (vgl. Hinnenkamp 2000). Identitäten sind also dynamisch, flexibel und situationsabhängig (vgl. Zitate (21, 22)). In Bezug auf sprachliche Identität kann man

- assimilative (Deutsch ist wichtiger),
- bikulturelle (beide Sprachen sind wichtig) und
- konservative (die HS ist wichtig)

Identitätsentwürfe unterscheiden. Eltern von Herkunftssprechern bezeichnen sich aufgrund ihrer im Herkunftsland verbrachten Kindheit und Jugend, ihrer Mentalität und Muttersprache meist selbst als Araber, Italiener, Griechen, Türken usw. und können damit den konservativen Identitätsentwürfen zugeordnet werden. In der zweiten Migrantengeneration ist die nationale und sprachliche Identität meist auch durch das Aufnahmeland bzw. die Umgebungssprache geprägt. So konstruieren viele Jugendlichen ihre Identität als zwei- bzw. mehrsprachig und sind häufig auch stolz darauf (vgl. Zitate (17)–(22)). Daneben gibt es – allerdings seltener – konservative (vgl. Zitat 24) und – wesentlich häufiger – assimilative Identitätsentwürfe (vgl. Zitat 23). Im Laufe der Schulzeit kommt es häufig zu Verschiebungen dahingehend, dass die Relevanz der HS für die Jugendlichen abnimmt. Das hängt zum einen mit dem als gering wahrgenommenen Gebrauchswert der HS außerhalb der Familie und der zunehmenden Bedeutung von Kommunikationspartnern zusammen, die nicht die HS sprechen, kann aber auch durch Abgrenzungstendenzen von der Elterngeneration in der Pubertät verstärkt werden und zu einem eingeschränkten Gebrauch der HS führen.[24]

Gleichzeitig empfinden viele Kinder und Jugendliche ihre Zweisprachigkeit als Selbstverständlichkeit und Normalität,[25] insbesondere wenn sie auch zweisprachig aufwachsende Mitschüler haben. Dabei bleibt die identitätsstiftende Funktion der HS oft auch wirksam, wenn die Zweitsprache Deutsch dominiert. So stellt Anstatt (2017) bei Jugendlichen mit der Familiensprache Russisch eine loyale und emotional positive Beziehung zur HS sowie eine neutrale zum Deutschen fest.

24 Im jungen Erwachsenenalter entdecken manche Herkunftssprecher ihre „Wurzeln“ bzw. auch das Potenzial ihrer Zweisprachigkeit (wieder) und unternehmen von sich aus Anstrengungen, die HS wiederzuerlernen und auszubauen (vgl. Kap. 2.1). In vielen Philologien ist das ein häufiges Studienmotiv.

25 Einige interviewte Herkunftssprecher halten sich aufgrund ihrer Zweisprachigkeit für interkulturell sensibel, weil sie sich ständig zwischen zwei verschiedenen Kulturen bewegen; eine polnischsprachige Schülerin stellt bei sich eine „größere Menschentoleranz“ fest.

Aber auch das **Prestige** der HS hat Auswirkungen auf die Identität ihrer Sprecher. Plewnia und Rothe (2011) haben in einer Fragebogenstudie die Einstellungen von Neunt- und Zehntklässlern gegenüber anderen Sprachen und ihren Sprechern untersucht. Dabei wurden die westeuropäischen Sprachen Englisch, Französisch und Spanisch deutlich positiver, d. h. sympathischer und nützlicher bewertet als die Migrantensprachen Polnisch, Russisch und Türkisch. Auch wenn diese Studie gleichzeitig positive Eigenbewertungen von Jugendlichen mit entsprechendem Migrationshintergrund ergab, ist den Herkunftssprechern die Fremdwahrnehmung ihrer Sprache durch ihre Umwelt meist bewusst. Durch negative Berichterstattung über das Herkunftsland in den Medien, die Konfrontation mit Vorurteilen gegenüber der HS oder stigmatisierende Bemerkungen von Mitschülern können sich Herkunftssprecher in ihrer mehrsprachigen Identität bedroht fühlen. Um potenziellen Konflikten aus dem Weg zu gehen, scheinen v. a. jugendliche Herkunftssprecher diesen Teil ihrer Identität in außerfamiliären Kontexten für sich zu behalten (vgl. Kap. 5.2).

4.4 Aufgaben

1. Welche Möglichkeiten sehen Sie, die Sprachmittlungserfahrungen von Herkunftssprechern auch im schulischen Kontext sinnvoll zu nutzen?
2. Eine vor kurzem nach Deutschland eingereiste Bekannte von Ihnen ist unsicher, ob sie und ihr Mann mit ihrem vierjährigen Kind weiterhin ihre Muttersprache sprechen oder von nun an lieber auf Deutsch mit ihm kommunizieren sollten. Was raten Sie den Eltern?
3. Auf welche Weise könnten Sie etwas über die Sprachlernbiografien Ihrer Schüler erfahren?

4.5 Weiterführende Literaturhinweise

Strobel / Kristen (2015) vergleichen Muster des Sprachgebrauchs verschiedener Zuwanderergruppen in Deutschland miteinander und zeigen, inwiefern Erwachsene die HS beibehalten und wann ein Wechsel zur Umgebungssprache zu erwarten ist. Burkhardt et al. (2018) beschäftigen sich anhand von umfangreichen Interviewdaten mit Spracheinstellungen und Identität in polnisch- und russischsprachigen Familien. Die Monografie von Portnaia (2013) stellt eine umfassende Untersuchung des gleichzeitigen Lernens von mindestens drei Sprachen im Grundschulalter dar, geht auf die sprachlernbezogenen Anforderungen an Kinder vonseiten ihrer Eltern und das emotionale Erleben der Sprachlernsituation ein. Der Artikel von Hinnenkamp (2000) „‚Gemischt sprechen' von Migrantenjugendlichen als Ausdruck sprachlicher Identität" zeigt an konkreten Transkripten von Spontanaufnahmen türkischsprachiger Jugendlicher, wie diese auf sprachlich kreative Weise ihre eigenen Identitäten konstruieren. Hu (2003) problematisiert in ihrer qualitativ-empirischen Studie die migrationsbedingte Mehrsprachigkeit im Kontext von Identität, Sprachenpolitik und schulischer Realität und zieht daraus Schlussfolgerungen für die fremdsprachendidaktische Forschung und Lehrerausbildung.

5 Herkunftssprachen im schulischen Kontext

Im Folgenden wird ein Überblick über die vielfältigen Formen des Herkunftssprachenunterrichts (HSU) in Deutschland und dessen Rahmenbedingungen gegeben, auf Argumente pro und contra HSU sowie auf die Heterogenität von Lerngruppen mit Herkunftssprechern und die dadurch notwendige Differenzierung eingegangen (Kap. 5.1), bevor verschiedene Szenarien der Einbeziehung des Vorwissens von Herkunftssprechern in den Schulunterricht (5.2), insbesondere in sprachbildenden Fächern (5.3) vorgestellt werden. Schließlich werden Elemente einer Herkunftssprachendidaktik präsentiert, die sich einerseits an den Ressourcen und andererseits an dem konkreten Lernbedarf von Herkunftssprechern orientieren (Kap. 5.4).

5.1 Herkunftssprachlicher Unterricht (HSU)

HSU ist ein eigener Typus von Sprachunterricht, der auf den in der Familie erworbenen Sprachkompetenzen aufbaut. Reich (2018) grenzt HSU deutlich von Fremdsprachenunterricht (FSU) sowie muttersprachlichem Unterricht im Herkunftsland ab:

> Der herkunftssprachliche Unterricht setzt an der sprachlichen Primärsozialisation der Schülerinnen und Schüler an. Er nutzt die in der Familienkommunikation erworbenen Fähigkeiten, die durch *peers*-Kontakte, Vereinsaktivitäten, Mediennutzung und temporäre Aufenthalte in einem Gebiet der Herkunftssprache verstärkt sein können, um diese auszubauen und weiterzuführen. Er ist kein Fremdsprachenunterricht, der bei null beginnt und dann systematisch voranschreitet, sondern ein Unterricht auf der Basis außerschulischer Kommunikation. Zugleich hat er sich jedoch darauf einzustellen, dass es sich dabei um Kommunikation in einer Minderheitensprache handelt, die im Einwanderungsland nur für einen begrenzten Teil der gesellschaftlichen Anforderungen Verwendung findet. Er kann darum auch kein Abbild des muttersprachlichen Unterrichts sein, wie er in den Schulen des Herkunftslandes erteilt wird. (Reich 2018: 296f.)

Herkunftssprachlicher Unterricht

- ermöglicht die Systematisierung der Sprachkenntnisse in einer Weise, wie sie von den Eltern meist nicht geleistet werden kann,
- hat für die Schüler lebensweltlichen Bezug und persönliche Relevanz,
- ermöglicht die Teilhabe an der Kultur des Herkunftslandes,
- leistet einen Beitrag zur Persönlichkeitsentwicklung der Schüler und
- stellt (interkulturelle) Bildung in der HS dar.

Hauptsächliche Ziele des HSU sind der Spracherhalt und die systematische Vermittlung herkunftssprachlicher Kompetenzen. Gleichzeitig ist der Unterricht auf interkulturelle Kompetenzen sowie die Vermittlung von landeskundlichem und kulturellem Wissen über das Herkunftsland ausgerichtet. So heißt es im „Rahmenplan Herkunftssprachenunterricht Rheinland-Pfalz“:

> Darüber hinaus leistet der Herkunftssprachenunterricht einen wichtigen Beitrag zu einer umfassenden sozialen Integration. Die Erstsprache ist ein bedeutender Mittler zwischen den Lebenswelten Familie und Schule. Die Akzeptanz dieser Erstsprache und ihre Präsenz im Unterricht fördern den Erwerb des Deutschen und stärken das Selbstbewusstsein der Lernenden und daher auch die Lernmotivation im Allgemeinen. (MBWWK 2012: 9)

Exkurs: HSU in den deutschsprachigen Ländern

Es gibt mehrere Bezeichnungen für den HSU. In Nordrhein-Westfalen und in Österreich spricht man von muttersprachlichem Unterricht (MSU), in der Schweiz heißt er Unterricht in heimatlicher Sprache und Kultur (HSK). Wir verwenden den Begriff Herkunftssprachenunterricht (HSU), der in Deutschland inzwischen am geläufigsten ist.

In Österreich, wo der MSU fest im Regelschulwesen verankert ist, werden an den staatlichen Schulen 25 verschiedene HS unterrichtet, in der Schweiz sind es 36 verschiedene Sprachen. Für die Bundesrepublik Deutschland gibt es keine zusammenfassenden Statistiken (vgl. Reich 2016: 224), da die institutionellen Formen und curricularen Orientierungen des HSU stark divergieren.

Unter der Aufsicht des jeweiligen Schulamts findet HSU in Bremen, Hamburg, Hessen, Niedersachsen, Nordrhein-Westfalen, Rheinland-Pfalz und Sachsen statt. In Bundesländern wie Baden-Württemberg und dem Saarland gibt es HSU an Konsulatsschulen, der finanziell und organisatorisch nicht unter staatlicher Aufsicht steht (vgl. Böhmer 2015: 144).

5.1.1 Formen des HSU

Je nach Organisationsform ist der HSU offiziell unterschiedlich anerkannt. Das höchste Prestige genießen HSU anstelle einer Fremdsprache (z. B. in NRW) sowie bilinguale Zweige und Schulen mit Herkunftssprachen als Partnersprachen, da sie stärker in das deutsche Bildungssystem integriert und abschlussrelevant sind (vgl. Schmitz / Olfert 2013). In diesen – selteneren – Fällen wird die HS einer zweiten oder dritten Fremdsprache gleichgestellt und kann zum Teil bis zum Abitur geführt werden.

Wesentlich häufiger ist zusätzlicher, jahrgangsübergreifender Unterricht speziell für Herkunftssprecher. Auch hier sind verschiedene Formen zu unterscheiden:

- staatlich organisierter HSU nach einem festen Curriculum („Rahmenlehrplan Herkunftssprachen")
- vom Herkunftsland organisierter Unterricht[26]
  - an Konsulatsschulen
  - in Schulvereinen, z. B. *Oświata* (Polnischer Schulverein in Berlin)
- Unterricht von religionsgemeinschaftlichen Trägern
  - an Moscheeschulen
  - in der Katholischen Mission
- von Elterninitiativen organisierter HSU
  - z. B. Portugiesischer Elternverband Wiesbaden e. V.
  - z. B. Verband griechischer Elternvereine *Aristoteles*
- HSU in kulturellen Vereinen
  - z. B. *Azbuka* (Russischsprachiger Verein für Bildung, Kultur und Integration e. V.) mit mehreren Filialen in Hamburg

Einige Einrichtungen beginnen bereits im Kindergartenalter mit Maßnahmen zum Erhalt und Ausbau der HS. Die meisten Angebote für HSU werden von Kindern im Grundschulalter wahrgenommen; beim Übergang in die weiterführenden Schulen kommen wesentlich weniger Kurse zustande. Alle o. g. Formen des HSU sind fakultativ, unverbindlich und können jederzeit – bzw. im Falle von staatlich organisiertem HSU zum Ende des Schul(halb)jahres – abgebrochen werden.

26 Reich (2014: 2) verweist zudem auf Formen, die bewusst Distanz zum deutschen Bildungssystem halten, z. B. das Netz der tamilischen Ergänzungsschulen.

Heterogenität im HSU

Zusätzlicher HSU findet aus organisatorischen Gründen meist in jahrgangsübergreifenden Lerngruppen statt, in denen Altersunterschiede von fünf Jahren keine Seltenheit sind. Neben den zum Teil gravierenden Altersunterschieden differieren die Schüler in vielen weiteren Aspekten. So besuchen den HSU Lernende, die

- die HS verstehen, aber nicht sprechen (sog. rezeptiv Bilinguale),
- die in der HS mündlich kommunizieren können, aber nicht alphabetisiert sind,
- die die HS lesen, aber kaum schreiben können,
- beim Schreiben unsicher sind und die schriftsprachlichen Register nicht beherrschen,
- ausgeprägte literale Kompetenzen haben,
- unterschiedlich motiviert sind, regelmäßig den HSU zu besuchen, v. a. wenn er fakultativ und nicht notenrelevant ist.

Diese heterogenen Gruppen von Lernenden mit unterschiedlichen Vorkenntnissen verlangen nach starker **Binnendifferenzierung** bis hin zu Individualisierung (vgl. Kap. 5.3.1). Für die Lehrkräfte ergeben sich dadurch wesentlich höhere Anforderungen an die Unterrichtsgestaltung.

Rahmenbedingungen für fakultativen HSU

HSU wird meist von Lehrkräften erteilt, die ausschließlich dieses Fach vertreten. Lehrende im HSU sind in der Regel Muttersprachler; zum Teil haben sie ein anderes Lehramtsfach in ihrem Herkunftsland studiert, aber die wenigsten wurden für die Vermittlung ihrer Erstsprache ausgebildet. Im Vergleich zu in Deutschland ausgebildeten Lehrpersonen mit mindestens zwei Fächern werden sie meist schlechter bezahlt; oft erhalten sie einen Honorarvertrag für jeweils ein Schul(halb)jahr und unterrichten gleichzeitig an mehreren Schulen.

Sehr unterschiedlich stellt sich das Stundenvolumen in den verschiedenen Formen des HSU dar: Während es im Unterricht, der einer zweiten Fremdsprache gleichgestellt ist, bis zu fünf Wochenstunden sein können und in bilingualen (Europa-)Schulen noch weitere Fächer wie Geschichte und Geografie in der HS hinzukommen, sind es im zusätzlichen HSU meist nur 90 Minuten pro Woche. Zu den erschwerten Rahmenbedingungen des nicht abschlussrelevanten HSU gehört auch, dass er außerhalb des regulären Unterrichts in Randzeiten stattfindet, d. h. am späten Nachmittag oder Abend nach einem langen Schultag oder am Wochenende in sog. **Samstags-** und **Sonntagsschulen**. Somit konkurriert dieser HSU mit vielen anderen Freizeitangeboten für Kinder und Jugendliche, sodass ein regelmäßiger Besuch dieses Unterrichts große Motivation von den Lernern und deren Eltern verlangt.

Zudem kann der HSU selten an der eigentlichen Schule des Kindes stattfinden, was einen entsprechenden Anfahrtsweg erfordert. Für Eltern, die ihre Kinder zum HSU bringen und wieder abholen, stellt das einen zusätzlichen Zeitaufwand dar, zumal nur in größeren Städten Angebote für HSU zustandekommen.

Die Unübersichtlichkeit und Widersprüchlichkeit des HSU ist Folge der föderalistischen Bildungspolitik und erklärt sich Reich (2014: 3) zufolge auch aus einer zusätzlich bestehenden Unsicherheit über Sinn und Zweck des HSU und einer daraus resultierenden **Randständigkeit im System**. Um daran etwas zu ändern, müsste an verschiedenen Stellschrauben gedreht werden:

- der Legitimation des HSU in sprachenpolitischer Hinsicht,
- der Motivation zum Besuch von Unterricht in der HS durch die Schüler bzw. deren Eltern (vgl. Kap. 5.1.2),
- der Fortbildung der HSU-Lehrkräfte,
- den erwähnten Rahmenbedingungen des HSU und
- der fachlichen Selbstorganisation des HSU, die über einzelne Vereine und Schulen hinausgeht.[27]

5.1.2 Einstellungen zu Unterricht in der HS

Tabelle 3 fasst Argumente für und gegen Unterricht in der HS aus der Perspektive von Schülern und ihren Eltern zusammen, wobei hier neben zusätzlichem HSU auch schulischer FSU in der HS gemeint ist (also z. B. Italienisch als Schulfremdsprache für Schüler mit Italienisch als HS):

27 Ein erster Schritt in diese Richtung könnte das im November 2017 in Essen gegründete *Netzwerk Herkunftssprachlicher Unterricht* (vgl. www.kombi.uni-hamburg.de/netzwerkhsu.html) sein.

Pro Unterricht in der HS	Contra Unterricht in der HS
Eltern: ► Erhalt der HS des Kindes ► Erwerb der Schriftsprache ► Lernzuwachs in Kultur, Landeskunde, Geschichte und Literatur (Bildung in der HS) ► Vorteile durch sprachliches Vorwissen im FSU ► soziale Kontakte zu weiteren Herkunftssprechern ► Stärkung der Familiensprache	**Eltern:** ► Befürchtung, dass sich zwei Sprachen parallel nicht gut entwickeln könnten ► Überzeugung, die HS könne auch auf „natürliche Weise" weitergegeben werden ► Zeitmangel bzw. andere Prioritäten für die Kinder ► HS auch später noch ausbaubar ► Zweifel am Nutzen herkunftssprachlicher Kenntnisse
Kinder: ► HS verbessern ► Lesen und Schreiben lernen ► HSU macht Spaß, ist interessant ► HS mit Freunden lernen ► im FSU von Vorkenntnissen profitieren (gute Noten)	**Kinder:** ► zufrieden mit ihrem Sprachstand ► keine Notwendigkeit des Lesens und Schreibens in der HS ► Lernen einer neuen Fremdsprache sinnvoller ► keine Zeit, andere Prioritäten ► Bequemlichkeit

Tab. 3: Einstellungen zu Unterricht in der HS aus Sicht der Familie

Die von uns in den Interviews befragten polnischen und russischen Eltern schicken ihre Kinder v. a. deshalb in den Unterricht, weil ihnen die Weitergabe ihrer Muttersprache auch in schriftlicher Form wichtig ist und weil sie sich von dem Unterrichtsbesuch eine Stärkung ihrer Familiensprache versprechen.

Auch die Jugendlichen, die Unterricht in der HS besuchen, nennen als wichtigstes Motiv, ihre Sprache zu verbessern, insbesondere in Bezug auf das Lesen und Schreiben. Aber längst nicht alle Jugendlichen nehmen am HSU teil. Die dafür ins Feld geführten Gründe lassen sich grob so zusammenfassen, dass der Erhalt der HS und v. a. der schriftsprachlichen Kompetenzen keine so große Priorität für diese Familien darstellt (ausführlicher zu den Motiven von Herkunftssprechern und ihren Eltern in Brehmer / Mehlhorn 2018).

Die von uns interviewten Lehrkräfte für Russisch- und Polnischunterricht verweisen auf ähnliche Motive der Schüler und ihrer Eltern. Sie halten ihren Unterricht v. a. dann für wirksam, wenn er durch den Gebrauch der HS in den Familien gestützt wird. Eltern, die bereits beim Abholen ihrer Kinder vom HSU mit ihnen Deutsch sprechen, würden wenig für den Spracherhalt tun, und in diesen Fällen könne auch der Unterricht nur „ein Tropfen auf den heißen Stein" sein.

HSU-Lehrkräfte sind oft engagierte Einzelkämpfer, die aufgrund ihrer konkreten Arbeitsbedingungen nur wenig Austauschmöglichkeiten mit Kollegen haben. Wenn sie nur ein Fach unterrichten, fehlen ihnen häufig Einblicke in die Anknüpfungsmöglichkeiten an die Kenntnisse der Herkunftssprecher in anderen Sprachen und Schulfächern. Das vielfach im HSU praktizierte Prinzip der **Einsprachigkeit** ist aus der Sicht der Lehrkräfte durchaus nachvollziehbar, da sie versuchen, den begrenzten Input in der HS so gut wie möglich zu kompensieren. Wenn die von uns interviewten Lehrkräfte Sprachvergleiche im HSU vornehmen, passiert das meist in Situationen, in denen sie Fehler korrigieren und die Lerner auf Interferenzen aus dem Deutschen hinweisen. In didaktisch-methodischer Hinsicht besteht hier Potenzial für mehrsprachigkeitsdidaktische Ansätze im HSU, auch im Sinne einer **aufgeklärten Mehrsprachigkeit** (vgl. Reimann 2016a).

5.2 Herkunftssprecher in der Schule

Aus den Interviews der von uns untersuchten bilingualen Jugendlichen geht hervor, dass ihre HS und ihr Wissen über die Herkunftskulturen sehr selten im Unterricht anderer Fächer aufgegriffen werden. Die wenigen Beispiele, die einige Schüler nennen konnten, bezogen sich auf den Geografieunterricht, in dem eine russischsprachige Schülerin beim Thema Metropolen Moskau vorstellen durfte, und den Geschichtsunterricht, in dessen Rahmen eine Jugendliche erklären konnte, was auf einem polnischsprachigen Plakat geschrieben steht. Häufiger sind es die Mitschüler, die auf die vorhandenen Kenntnisse hinweisen. So erzählte ein Jugendlicher im Interview, dass er in seiner Klasse als Experte für Polen gelte:

(25) *Wenn zum Beispiel eine polnische Frage ist, sagen sie gleich: „Hej, das müsstest DU doch wissen!* (13-Jähriger aus Berlin)

Mehrere Schüler sind überzeugt davon, dass einige ihrer Lehrer nicht wissen, dass sie zu Hause noch in einer anderen Sprache als Deutsch kommunizieren:

(26) *Ich glaub, mein Englischlehrer weiß gar nicht, dass ich Polnisch kann!* (14-Jährige aus Berlin)

Das fehlende Wissen von Lehrpersonen über die Sprachlernbiografien ihrer Schüler betrifft in erster Linie die weiterführenden Schulen. Hier zeigt sich eine gewisse **Unsichtbarkeit** der HS, da bestimmte Formen der Mehrsprachigkeit offensichtlich weniger wertgeschätzt werden als andere (vgl. Kap. 4.3). Auch wenn sich im Bereich Mehrsprachigkeit in der Schule in den letzten Jahren viel Positives getan hat, trifft das nicht gleichermaßen auf HS zu, die oft als „Privatsache" angesehen werden. So ist man von der methodisch-didaktischen Integration der HS in ein Gesamtsprachencurriculum – wie von Hufeisen (u. a. 2011, zuletzt 2018) mehrfach vorgeschlagen – noch weit entfernt, und die Anerkennung und Förderung individueller Mehrsprachigkeit in Bezug auf HS von Schülern stellt weiterhin ein Desiderat dar.

Die Konfrontation von bilingualen Kindern und Jugendlichen mit Vorurteilen gegenüber ihrem Herkunftsland oder dem niedrigen Prestige ihrer HS (vgl. Kap. 4.3), das sich auch heute noch an manchen Schulen in dem Verbot äußert, diese Sprachen auf dem Schulhof zu sprechen (vgl. Mehlhorn 2015), führt bei vielen Herkunftssprechern zu Verunsicherung, sodass bilinguale Jugendliche mit unauffälligen Deutschkenntnissen Informationen über ihre Zweisprachigkeit lieber für sich behalten und somit ebenfalls zur Unsichtbarkeit der HS beitragen. Von ihrem Sprachbesitz können bilinguale Jugendliche in der Schule jedoch nur dann profitieren, wenn das Vorhandensein der HS wahrgenommen, berücksichtigt und in das schulische Lernen einbezogen wird (vgl. Singleton / Aronin 2007: 92 f.).

Um den HS schulintern einen höheren Stellenwert einzuräumen, müssten v. a. die Sprachlehrkräfte (des HSU, des Deutschunterrichts und der Fremdsprachen), aber auch der anderen Fächer stärker zusammenarbeiten und sich auch für die Sprachlernbiografien ihrer Schüler interessieren. Das könnte z. B. über fächer- und sprachübergreifende Projektarbeit erfolgen; sinnvolle Vorschläge dazu unterbreiten bspw. Hecker / Reich (2013: 40 f.).

Aber auch der Deutsch- und Fremdsprachenunterricht bieten viele Gelegenheiten, die HS der Schüler zu reflektieren und für Sprachvergleiche zu nutzen.[28] Viele Lehrkräfte fühlen sich allerdings nicht kompetent dafür, weil sie die HS nicht selbst beherrschen und unsicher sind, inwieweit sie sich darauf verlassen können, was die Schüler über ihre nichtdeutschen Sprachen berichten und was die Mitschüler daraus lernen können (Oomen-Welke 2011: 6). Es ist jedoch gar nicht nötig, alle im Klassenzimmer vertretenen HS zu kennen. Als äußerst hilfreich erweist sich jedoch strukturelles Wissen **über** Sprachen, z. B. dass Ara-

28 Garcia / Wei (2014: 51–53) fordern, dass die alltäglichen Praktiken des *Translanguaging* (vgl. Kap. 3.4) auch Eingang in die Didaktik der sprachbildenden Fächer finden sollten und plädieren für eine „Pädagogik des Translanguaging" (Becker 2016: 43).

bisch von rechts nach links geschrieben wird, dass es in vielen HS keine Artikel gibt, dass das Türkische eine agglutinierende Sprache ist, in der das Verb am Satzende steht usw. Neugier, Lernbereitschaft und ein generelles Interesse von Lehrkräften an Sprachen und Kulturen sind eine wichtige Voraussetzung für die Anregung und Begleitung entdeckenden Lernens. Wer Sprachvergleiche gewinnbringend einsetzen möchte, sollte selbst vernetzt und mehrsprachig denken, Parallelen zum Deutschen und bereits gelernten Fremdsprachen der Schüler herstellen und in einzelnen Unterrichtsphasen punktuell die Expertenrolle auch einzelnen Lernern überlassen können.

In den letzten Jahren sind mehrere Vorschläge für die Integration herkunftssprachlicher Kenntnisse in den schulischen Unterricht publiziert worden, u. a. von Grehlich et al. (2002), Karagiannakis / Nauwerck (2007), Oomen-Welke (2011) für den Deutschunterricht, Hallet (2008) für den Englisch-, Denisova-Schmidt / Walach (2014) für den Russisch-, Große (2014) für den Latein-, Bermejo-Muñoz (2014) sowie Reimann / Siems (2015) für den Spanischunterricht. So präsentiert Elsner (2009: 7 f.) bspw. mehrere Aktivitäten zur Einbeziehung von HS in den Englischunterricht, u. a.

- *Things in our classroom:* Beschriftung von Gegenständen im Klassenzimmer mit neu erlernten Bezeichnungen auf Englisch und den vorhandenen Erstsprachen der Schüler (Klassen 3–7),
- *Proverbs in different languages:* Vergleich von Sprichwörtern und Redewendungen aus unterschiedlichen Sprachen hinsichtlich ihrer Bedeutung und anhand ihrer Übersetzungen ins Englische (Klassen 5–10),
- *Advertising multicultural products:* Erstellung von englischsprachiger Werbung für ein Produkt aus dem jeweiligen Herkunftsland der Schüler (Klassen 9–12),
- Einsatz mehrsprachiger Bilderbücher (bei Grundschulkindern).

5.3 Herkunftssprecher im Fremdsprachenunterricht (FSU)

Wenn die HS von Kindern und Jugendlichen als offizielle Schulfremdsprache angeboten wird – das betrifft in erster Linie den Unterricht der zweiten und dritten modernen Fremdsprachen –, ist das für viele Schüler (bzw. deren Eltern) ein attraktives Angebot. So finden sich im Russisch-FSU überdurchschnittlich viele Lernende mit russischsprachigem Hintergrund, im Spanischunterricht Schüler aus einem lateinamerikanischen Herkunftsland usw. Da FSU noten-

und abschlussrelevant ist, liegen Vorteile für die Herkunftssprecher hier auf der Hand. Häufig sind es auch die Eltern, die sich vom Besuch dieses Unterrichts den Ausbau v. a. der schriftlichen HS-Kompetenzen ihrer Kinder versprechen.

Allerdings werden die Vorkenntnisse von Herkunftssprechern nicht von allen Beteiligten am FSU so positiv gesehen. Mitschüler ohne sprachliche Vorkenntnisse fühlen sich durch die Anwesenheit von flüssig sprechenden Herkunftssprechern zum Teil benachteiligt und reagieren mit Sprechhemmungen. Manche Lehrkräfte unterstellen als Motiv für die Wahl des Fremdsprachenfachs durch die (Eltern der) Herkunftssprecher die Aussicht auf eine gute Note in diesem Fach, was bei vielen Schülern durchaus zutreffen mag. Von Lehrerseite werden an die Herkunftssprecher höhere Maßstäbe angelegt als an („echte") Fremdsprachenlernende. Viele Fremdsprachenlehrende bezeichnen die Herkunftssprecher als „Muttersprachler", um dann festzustellen, dass diese die mit diesem Begriff verbundenen Erwartungen nicht erfüllen:

> With second language learners, every small step towards attainment is celebrated and accepted, and the necessary gaps in knowledge are viewed as part of the course. In the assessment of heritage speakers, however, the glass is perpetually half empty: it is hard to ignore what they do not know, that they cannot read or write, that they do not know the standard, and that they do not speak like true native speakers. (Polinsky/Kagan 2007: 374)

Herkunftssprecher machen auf diese Weise widersprüchliche Erfahrungen mit ihrer Mehrsprachigkeit und erfahren sich trotz zusätzlicher sprachlicher Kompetenzen im Unterricht häufig als sprachschwach.

Tabelle 4 listet Argumente für und gegen den Besuch des FSU von Schülern mit Vorkenntnissen aus Sicht der Fremdsprachenlehrkräfte auf (vgl. Mehlhorn 2013). Während die Pro-Argumente sich zum Teil mit denen der Eltern decken (vgl. Kap. 4.2) und darauf abzielen, dass die Herkunftssprecher auch eine Chance für den FSU und eine sprachpraktische Bereicherung für diejenigen Lehrkräfte darstellen können, die die Sprache selbst als Fremdsprache gelernt haben (vgl. Burghardt 2001), sehen viele Fremdsprachenlehrende Schüler mit sprachlichen Vorkenntnissen als „Störfaktor" an: Die großen sprachlichen Kompetenzunterschiede innerhalb einer Lerngruppe stellen eine große methodisch-didaktische Herausforderung dar; einige Herkunftssprecher können sich sprachlich unterfordert fühlen und dementsprechend schwer zu bewegen sein, sich am Unterricht zu beteiligen, und schließlich kann es von Schülerseite aus zu Diskussionen über sprachlich angemessene Formen im Unterricht kommen, die nicht jeder Lehrkraft willkommen sind.

Pro Herkunftssprecher im FSU	Contra Herkunftssprecher im FSU
► Erhalt der HS ► Erlernen und Ausbau der schriftsprachlichen Kompetenzen (großer Lernbedarf) ► Erwerb kulturellen Wissens über das Herkunftsland ► Motivation (u. a. durch Wertschätzung von Vorkenntnissen) ► Entwicklung des mehrsprachigen Potenzials der Schüler ► sprachpraktische „Fortbildung" der Lehrkräfte	► Schüler lernen eine Fremdsprache weniger ► Störfaktor im Unterricht: ▹ sprachliche Unterforderung einiger Herkunftssprecher ▹ Sprechhemmungen der Fremdsprachenlerner ▹ Anspruch auf Bestnote ▹ Motivationsprobleme ▹ Herkunftssprecher hören (und korrigieren) Fehler von Lehrenden → Konflikte

Tab. 4: Argumente für und gegen die Anwesenheit von Herkunftssprechern mit Vorkenntnissen im FSU

Das folgende Zitat aus einem Lehrerinterview illustriert eine Auseinandersetzung zwischen der Mutter einer Herkunftssprecherin und der Russischlehrerin der Schülerin. Dabei geht es um die Verwendung der Negationspartikel *net* (dt. „nein, es gibt nicht") im Russischen. Die Schülerin hat statt der neutralen Form *net* in ihrem Aufsatz mehrfach die Variante *netu* verwendet, die dem Register der gesprochenen Umgangssprache angehört und damit im Aufsatz stilistisch unangemessen, wenn auch grammatisch nicht falsch ist. Die interviewte Lehrerin (selbst russische Muttersprachlerin) berichtet selbstbewusst, wie sie die Einwände der Mutter, die ihrer Meinung nach ihre sprachliche Kompetenz in Frage stellt, entkräftet hat:

Beispiel: Konflikt zwischen Fremdsprachenlehrkraft, Herkunftssprechern und Eltern

Lehrerin: Ich habe einmal […] eine Auseinandersetzung mit einer Mutter gehabt, weil ich einer Schülerin in ihrem Aufsatz alle ihre „*netu*" unterstrichen hab. Und dann hat sie mir gesagt:

Lehrerin zitiert Herkunftssprecherin: „Ja, was soll das?"

Lehrerin: Und dann hab ich gesagt: „Na ja, weil es im Russischen ‚*net*' heißt" …

Lehrerin zitiert Mutter der Schülerin: „Ja, aber ich sag's doch so und ich hab alle meine Nachbarinnen gefragt und alle meine russischen Bekannten gefragt und alle sagen, dass es gibt ‚*netu*'!"

> *Lehrerin zur Mutter:* „Bitte! Hier ist das Wörterbuch, schlagen Sie nach, zeigen Sie mir, wo das Wort drinsteht. Wenn's drinsteht, dann gebe ich jetzt sofort eine gute Note."
> *Lehrerin:* Ja, sie hat lange geblättert. [...] ich korrigier' sehr viel Kinder, die jetzt mit diesem Migrationshintergrund kommen. [...]
> *Lehrerin zitiert Herkunftssprecher:* „Aber meine Mutter sagt das immer so." *Lehrerin zitiert sich selbst:* Und ich sag: „Ja, deine Mutter sagt so, aber ich bin hier deine Lehrerin und ich sag das so!"
> (Interviewauszug, Z. 692–712, zitiert in Kurz 2015: 202)

Dieses Beispiel zeigt, dass eine eigene Zuwanderungsgeschichte nicht automatisch zu Sensibilität und Empathie mit Herkunftssprechern führt. Statt der Schülerin zu erklären, dass das von ihr verwendete Wort zwar in der gesprochenen russischen Umgangssprache existiert, aber in der Schriftsprache nicht angebracht ist, stellt die Lehrerin nicht nur die Sprachkompetenz der Schülerin, sondern auch die ihrer Mutter in Frage, wertet die mitgebrachten Russischkenntnisse des Mädchens und ihrer Familie ab und stellt sich gleichzeitig als einzige kompetente Person dar. Solche Erlebnisse können zu Identifikationskonflikten bei Schülern führen und tragen nicht unbedingt dazu bei, die Motivation zum Ausbau der HS aufrechtzuerhalten.

5.3.1 Binnendifferenzierung

Die unterschiedlichen Sprachlernbiografien und Sprachkompetenzen der Schüler erfordern ein hohes Maß an Differenzierung im Unterricht. Im FSU, den Fremdsprachenlernende und Schüler mit Vorkenntnissen gemeinsam besuchen, besteht die Herausforderung darin, einerseits die für Erstere notwendigen sprachlichen Strukturen zu vermitteln und zu üben und andererseits die Herkunftssprecher zu integrieren, die diese Strukturen größtenteils bereits beherrschen, auch um Langeweile und Unterforderung bei diesen Schülern zu vermeiden. Zudem ist die Gruppe der Herkunftssprecher in sich wiederum sprachlich sehr heterogen, was bei der Differenzierung ebenfalls zu berücksichtigen ist.

Äußere Differenzierung durch separate Beschulung von Herkunftssprechern und Fremdsprachenlernenden in unterschiedlichen Kursen stellt einen Versuch dar, das Unterrichten durch Schaffung homogenerer Lernergruppen zu erleichtern. Im schulischen Kontext ist das aufgrund der dafür notwendigen zusätzlichen Lehrkapazitäten jedoch nur selten möglich. Mit innerer bzw. **Binnendifferenzierung** ist hingegen eine mögliche Form des Umgangs mit Heterogenität gemeint, die die Förderung kleinerer Lerngruppen mit ähnlichen Merkmalen bis hin zur Förderung jedes einzelnen Schülers (Individualisierung) innerhalb einer größeren Lerngruppe zum Ziel hat (vgl. Räder 2017: 111). Innere Differenzierung kann nach ganz unterschiedlichen Kriterien erfolgen (vgl. Abb. 3).

Differenzierung nach	
▸ Vorwissen ▸ Interessen ▸ Themen ▸ Texten ▸ Medien ▸ Materialien ▸ Sozialformen (z. B. Partner- / Gruppenarbeit)	▸ Aufgabenstellung ▸ Bearbeitungszeit ▸ Umfang von Texten und Übungen ▸ Komplexitätsgrad von Texten und Übungen ▸ Unterstützung durch Lehrkraft/Mitschüler ▸ Hilfsmitteln (z. B. Wörterbuch, Grammatikanhang im Lehrbuch)

Abb. 3: Mögliche Differenzierungskriterien im FSU und HSU

Neben einer von der Lehrkraft gesteuerten **Differenzierung von oben** kann auch eine vom einzelnen Schüler gesteuerte **Individualisierung von unten** erfolgen, indem bspw. eine möglichst offene Lernumgebung bereitgestellt wird, sodass alle Lernenden ihre individuellen Vorkenntnisse und bisherigen Kompetenzen möglichst optimal einbringen können (vgl. ebd.). Mögliche Szenarien für Differenzierungsmaßnahmen wären bspw.:

- Beim Hörverstehen lösen die Fremdsprachenlernenden Fragen zum Text (z. B. Multiple Choice oder Ja / Nein / Nicht im Text), während die Herkunftssprecher versuchen, eine Mitschrift zum Hörtext anzufertigen, anhand derer sie den Text anschließend mündlich oder schriftlich zusammenfassen.
- Für einen zu schreibenden Aufsatz werden **unterschiedliche Lenkungshilfen** zur Verfügung gestellt, z. B. Mustertext, Textgerüst, Formulierungshilfen, Satzanfänge, Wortgeländer, Möglichkeit der Wörterbuchbenutzung.
- Bei einer Klassenumfrage zu einem Thema mit vier vorgegebenen Fragen sollen alle Lernenden mindestens drei Mitschüler befragen; leistungsstärkere Schüler bzw. Herkunftssprecher können einzelne Fragen durch eigene ergänzen und anschließend möglichst viele Mitschüler befragen.

- Beim Lernspiel „Tabu" gelten für Herkunftssprecher und Fremdsprachenlernende **unterschiedliche Anforderungen**: Während die Stichpunkte unter dem zu erratenden Wort für Erstere „tabu" sind, dürfen Letztere sie für Wortschatzerläuterungen als Hilfe nutzen.

5.3.2 Herkunftssprecher als Experten

Wenn die Herkunftssprecher über die entsprechenden sprachlichen Kompetenzen verfügen, können sie als „Experten" im FSU eingesetzt werden, z. B. indem sie

- die Aussprache schwieriger Laute demonstrieren,
- den Mitschülern Vokabelerklärungen in der Zielsprache geben,
- neue Texte für die ganze Klasse vorlesen,
- landeskundliche Gegebenheiten oder interkulturelle Unterschiede zum Herkunftsland erläutern.

Der Einsatz als Experten bedarf jedoch der vorherigen Diagnose der tatsächlich vorhandenen Kompetenzen und kulturellen Kenntnisse, um die Schüler mit Vorkenntnissen nicht bloßzustellen oder zu überfordern. Gleichzeitig stellt der reine Experteneinsatz nicht unbedingt eine sprachliche Förderung der Herkunftssprecher dar, wenn die Lernenden im FSU vorrangig Dinge tun, die sie ohnehin bereits gut beherrschen.

Eine geeignete alternative Methode ist das **Lernen durch Lehren** (LdL), bei der leistungsstärkere Schüler oder Herkunftssprecher bestimmte Unterrichtsphasen in Absprache mit der Lehrkraft vorbereiten und selbstständig durchführen (vgl. Denisova-Schmidt / Walach 2014: 6–17). Dabei sollten alle Beteiligten profitieren (vgl. Tabelle 5):

Herkunftssprecher	Mitschüler
▸ beschäftigen sich intensiv mit dem Lernstoff ▸ agieren sprachlich anspruchsvoll (z. B. Wortschatzerklärungen) ▸ trainieren Präsentations- und Medienkompetenz ▸ üben sich in sozialer Kompetenz (Verantwortung für Lernstoff)	▸ gewöhnen sich an unterschiedliche Sprecher(stimmen) ▸ haben authentischen Kontakt zur Zielsprache ▸ erhalten mehr Aussprachevorbilder ▸ profitieren ggf. von den Erklärungen durch Gleichaltrige

Tab. 5: Vorteile des Einsatzes von Herkunftssprechern als Experten im FSU aus der Perspektive der Beteiligten

Für Herkunftssprecher kann diese Methode motivierend sein, da sie sich dabei als kompetent und selbstwirksam erfahren, sich sinnvoll und auf anspruchsvolle Weise Lernstoff aneignen, wobei sie selbst auch sprachlich hinzulernen und ihre Sprachbewusstheit erhöhen können.

Es liegt auf der Hand, dass Fremdsprachenlernende und Herkunftssprecher bei dieser Form der Differenzierung unterschiedliche Dinge lernen. Einige Lehrpersonen mögen sich beim **lernzieldifferenten Unterrichten** schwertun, zumal es in den Fremdsprachenlehrplänen bisher kaum Hinweise dazu gibt. Andererseits stellen solche Differenzierungsmaßnahmen eine Möglichkeit dar, **alle** Lernenden im Unterricht zu fördern.

Voraussetzungen für den Einsatz von Herkunftssprechern als Experten sind eine wertschätzende Atmosphäre in der Klasse, Fehlertoleranz auf Seiten der Lehrkraft und die Akzeptanz des Expertenwissens durch die anderen Mitschüler. Es soll jedoch nicht verschwiegen werden, dass diese Methode auch ihre Grenzen hat. So ist ihr Gelingen u. a. abhängig von der sozialen Kompetenz, der Verantwortungsbereitschaft und Vermittlungskompetenz der herkunftssprachlichen Schüler. Schließlich weisen auch die Herkunftssprecher im FSU eine große Heterogenität hinsichtlich ihrer sprachlichen Kompetenzen auf und nicht alle können tatsächlich als sprachliche Experten gelten (vgl. Kap. 3.1).

5.3.3 Unterstützung durch Lehrwerke

Da Herkunftssprecher der jeweiligen Zielsprache im schulischen FSU inzwischen eine wichtige Zielgruppe darstellen, bieten einige Schulbuchverlage in jüngster Zeit zu Übungen im Schülerbuch und Arbeitsheft systematisch Differenzierungsangebote an, die neue Lehrwerkgeneration für Russisch als zweite Fremdsprache „Dialog“ (vgl. Adler et al. 2016 ff.) z. B. auf drei verschiedenen Niveaus:[29]

- Hilfen zur Bewältigung der Aufgaben
- anspruchsvolle Übungen
- Übungen für Herkunftssprecher

29 Eine weitere Form des leistungsdifferenzierten Unterrichtens, die zum Teil auch durch spezielle Vorbereitungsseiten in den Fremdsprachenlehrwerken unterstützt wird, ist die Vorbereitung von Schülern mit guten Sprachkompetenzen auf ein spezielles Sprachenzertifikat (z. B. *telc*).

Während die Hilfen z. B. Redemittel, Lerntipps, Zwischenschritte und Transkripte zu Hörtexten und die anspruchsvollen Übungen für leistungsstärkere Schüler zusätzliche Texte und Aufgaben umfassen, werden für die Herkunftssprecher folgende Zusatzangebote vorgehalten:

- Orthografie: Übungen zu konkreten Fehlerschwerpunkten, oft Lückenübungen (vgl. Abb. 4)
- Grammatik: zusätzliche Übungen zu den behandelten Grammatikthemen, z. B. Adjektivendungen ergänzen; grammatische Analyse (z. B. Bestimmung des Kasus, Erfragen von Satzgliedern)
- Schreiben: Fragen schriftlich beantworten; Zahlen ausschreiben, zusätzliche Texte zum Thema verfassen, z. B. Blogeintrag oder E-Mail, Notizen zu einem Videoausschnitt anfertigen
- Sprechen: mündliche Präsentationen in Verbindung mit Rechercheauftrag im Internet, z. B. über kulturelle Besonderheiten berichten; anspruchsvolle Sprechaufgaben, z. B. Dialog aus einem Video nachspielen, mündliche Sprachmittlung
- Leseverstehen: kurze Zusatztexte, z. B. Gedichte und Blogeinträge mit Aufgaben zum Leseverstehen
- Hörverstehen: Audioaufnahmen zusätzlicher Gedichte; Übungen zur Phonemunterscheidung (z. B. stimmhafter und stimmloser Konsonanten)

S.59 12 *A* oder *O*? Was schreibst du in den nächsten Wörtern? Du kannst die Rechtsschreibung überprüfen, indem du die Wörter veränderst oder passende Wörter aus deren Wortfamilie benutzt. Das Bild hilft dir dabei.
А или *О*? Что ты напи́шешь в сле́дующих слова́х? Ты мо́жешь прове́рить безуда́рные гла́сные ударе́нием, е́сли ты изме́нишь слова́ и́ли подберёшь однокоренны́е к ним. Карти́нка помо́жет тебе́.

M г?сти́ная → гость → гости́ная

г?сти́ная
го́р?д
в?сьмо́й
?кно́
х?р?шо́
здо́р?во
м?л?ко́
со́р?к
лим?на́д

Abb. 4: Differenzierungsangebot für Herkunftssprecher (Adler et al. 2016: 114, zu Übung 12)

Wie alle Lehrwerkübungen stellen auch diese Zusatzangebote nur Vorschläge dar, die für die konkreten Lernbedürfnisse in der Klasse oft angepasst werden müssen, aber sie erleichtern Lehrkräften die Differenzierung enorm.

5.4 Überlegungen zu einer Herkunftssprachendidaktik

Während in den USA aufgrund der weiten Verbreitung herkunftssprachlicher Angebote, einer intensiven linguistischen Auseinandersetzung mit HS (vgl. das *Heritage Language Journal*, www.heritagelanguages.org) und der Zusammenarbeit von Linguisten und Didaktikern auch eine intensive fachdidaktische Auseinandersetzung mit Herkunftssprechern stattfindet (vgl. das *National Heritage Language Resource Center*, http://nhlrc.ucla.edu/nhlrc) und Lehrwerke für Herkunftssprecher erscheinen, gibt es in Deutschland noch keine ausgearbeitete Herkunftssprachendidaktik. Nur in wenigen Bundesländern existieren bisher HS-Rahmenlehrpläne. Diese sind zudem – im Gegensatz zu den meisten sprachspezifischen Curricula für die Schulfremdsprachen – sprachenübergreifend und somit recht allgemein gehalten.

Im Folgenden werden Vermittlungsprinzipien und -strategien für Unterricht in der HS skizziert, die an die Potenziale von Herkunftssprechern anknüpfen und ihre speziellen Lernbedürfnisse (vgl. Kap. 3.4) berücksichtigen. Dabei haben wir sowohl speziellen HSU als auch FSU im Blick, der von Herkunftssprechern besucht wird.

5.4.1 Vermittlungsprinzipien

> Das auf die Herkunftssprache bezogene zusätzliche Bildungsangebot konkurriert nicht mit den Fördermaßnahmen in Deutsch. [...] Der Unterricht in der Herkunftssprache, in der Unterrichtssprache Deutsch sowie in den Fremdsprachen sind keine einander ausschließenden pädagogischen Handlungsfelder, sondern vielmehr einander unterstützende und fördernde Bildungsaufgaben. (MBWWK 2012: 5)

Reich (2014) verweist darauf, dass Herkunftssprecher – im Gegensatz zu Fremdsprachenlernenden – bereits über eine **interne Grammatik** verfügen, auf die im HSU aufgebaut werden kann. Grammatische Regeln können daher durch selbstentdeckendes Ableiten konstatiert werden (vgl. MBWWK 2012, Kap. 5.4.2).

Ein wichtiges Vermittlungsprinzip ist die systematische **Reflexion über Sprache** und Lernstrategien. Dabei bieten sich sowohl **Sprachvergleiche** mit dem Deutschen als auch mit anderen zuvor oder parallel gelernten Fremdsprachen an. Da viele mehrsprachige Kinder und Jugendliche von sich aus zwischen ihrer HS und den gelernten Fremdsprachen vergleichen, sollte dieses Potenzial auch für den HSU nutzbar gemacht werden.

Unterricht in der HS leistet einen wichtigen Beitrag zur **interkulturellen Bildung** und sollte sowohl die gegenwärtige Lebenssituation der Lernenden als auch kulturelle Aspekte des Herkunftslandes thematisieren.

Des Weiteren erfordern die unterschiedlichen Migrationssituationen und sprachlichen Lernausgangslagen der Schüler ein hohes Maß an **Differenzierung** im Unterricht (vgl. SBI 2015: 26, Kap. 5.3.1).

Ein weiteres Prinzip – die **Vermittlung der Standardsprache** – betrifft nicht nur HS mit einer Vielfalt an Varietäten und Dialekten wie das Arabische oder Chinesische; es geht dabei auch um die Unterscheidung zwischen der in Deutschland gesprochenen migrationsspezifischen Varietät und dem überregionalen Standard im Herkunftsland (vgl. Kap. 3.3):

> Die in den Familien und Freundeskreisen der Zugewanderten gesprochene Herkunftssprache erfährt im Laufe der Zeit oft eine migrationsbedingte spezifische Eigenprägung und entfernt sich von den in den Herkunftsländern geltenden und sich ebenfalls weiterentwickelnden Standards und Normierungen. Das macht den schulischen Sprachunterricht, der sich an der Standardsprache orientiert, umso notwendiger. (MBWWK 2012: 5)

Gogolin / Lange (2011) betonen, dass HSU auch **schulische Bildung** in der HS bedeutet. Daher sollen auch fachliche Inhalte (Kultur, Literatur, Geografie usw.) in dieser Sprache vermittelt und der bildungssprachliche Wortschatz ausgebaut werden.

5.4.2 Vermittlungsstrategien

Durch die Langzeituntersuchungen der Jugendlichen in unseren Projekten konnten wir konkrete Übungsbedarfe in den verschiedenen sprachlichen Bereichen diagnostizieren (vgl. Kap. 3.4). Für die vorliegende Darstellung vergleichen wir bewusst Herkunftssprecher mit Fremdsprachenlernenden und beziehen uns dabei explizit auf Herkunftssprachenlernende, die bereits über ausgeprägte mündliche Kompetenzen verfügen, auch wenn das eine gewisse Verallgemeinerung darstellt, die nicht alle in der Praxis vorkommenden Fälle erfassen kann (vgl. Kap. 3.1).

Aussprache

Im Bereich der Aussprache sind Herkunftssprecher durch Input von Geburt an Fremdsprachenlernenden gegenüber meist im Vorteil und weisen in der Regel weniger Lernbedarf auf (vgl. Kagan / Dillon 2003 sowie Kap. 3.4). Dennoch spielt phonetisch-phonologisches Wissen, insbesondere über Phonem-Graphem-Korrespondenzen eine wichtige Rolle im Unterricht, v. a. bei der Verbesserung der orthografischen Kompetenzen.

Hör- und Hör-Sehverstehen

Den größten Vorsprung haben Herkunftssprecher im Bereich des Hörverstehens. Kagan und Dillon (2003) sprechen hier in methodisch-didaktischer Sicht von einem *macro approach*, d. h., dass von Unterrichtsbeginn an die ganze Bandbreite an muttersprachlichem Input (auch zum Hör-Sehverstehen) genutzt werden kann (z. B. Filme, Dokumentationen, Vorträge) und nicht so kleinschrittig vorgegangen werden muss wie im FSU. Im gemeinsamen Unterricht von Fremdsprachenlernenden und Herkunftssprechern sollten Letztere zu den einfachen Hörtexten für die Fremdsprachenlerner anspruchsvollere Aufgaben erhalten. In einem Lückentext könnten das bspw. größere oder mehr Lücken sein. Es können grammatische Elemente, z. B. Zahlwörter in ihrer deklinierten Form, herausgehört werden (*focus on form*). Schließlich sollte das Hören mit weiteren sprachlichen Fertigkeiten wie dem Schreiben verbunden werden, indem die Herkunftssprecher Mitschriften zu einem Hörtext anfertigen, mit deren Hilfe sie den rezipierten Text anschließend mündlich oder schriftlich zusammenfassen können.

Leseverstehen

Oft erfolgt die Literalisierung in der HS später als in der Schulsprache Deutsch. Viele Schüler müssen sich ein ganz neues Alphabet (z. B. Arabisch, Griechisch, Kyrillisch) oder gar Schriftsystem (z. B. Chinesisch) aneignen. Bei HS, die die lateinische Schrift verwenden, müssen diakritische Zeichen (z. B. ą, č, ë, ǧ, ñ, ů, ś, ż) erlernt werden, die die Schüler aus der Schulsprache Deutsch noch nicht kennen. Einerseits kann auf die Erfahrungen mit dem deutschen Alphabet zurückgegriffen werden, andererseits müssen sich die Schüler an neue Phonem-Graphem-Korrespondenzen gewöhnen. So wird bspw. der Konsonant /ʃ/ im Deutschen durch <sch> wiedergegeben, im Albanischen durch <sh>, im Polnischen durch <sz>, im Russischen durch <ш>, im Kroatischen durch <š> und im Türkischen durch <ş>. Häufig werden aus dem Deutschen bekannten Buchstaben falsche Lautwerte zugeordnet, z. B. <z> (im Deutschen als [ts] realisiert, in vielen anderen Sprachen jedoch als stimmhaftes [z]). Beim Lesenlernen sollte den Laut-Buchstaben-Beziehungen und dem lauten Lesen viel Aufmerksamkeit gewidmet und schrittweise die Leseflüssigkeit gesteigert werden.

Herkunftssprecher sollten v. a. **viel** lesen. Wenn sie bereits in der HS alphabetisiert wurden, können sie aufgrund ihres sprachlichen Vorwissens schnell längere und komplexere Texte als Fremdsprachenlerner lesen, auch literarische und Sachtexte sowie in der Zielsprache verfasste **Migrationsliteratur**. Vorteile beim Lesen haben diejenigen Herkunftssprecher, die eine gewisse Lesepraxis von zuhause kennen, denen bspw. in der HS vorgelesen wurde und deren Eltern selbst auch lesen. Vielfältige didaktische Anregungen zur Leseförderung in der HS unterbreiten Aeschimann-Ferreira / Rocha (2016). Empfehlenswert ist darüber hinaus ein produktionsorientierter Umgang mit Literatur, z. B. durch den Einsatz einer Lektüremappe bzw. eines Lesetagebuchs. Die rezipierten Texte sollten Grundlage für Gespräche über die gelesenen Themen sowie für eigene Textproduktionen der Schüler sein.

Lernen Herkunftssprecher und Fremdsprachenlerner in einem Kurs, sind für die Herkunftssprecher detailliertere Fragen zum Leseverstehen angebracht. Dabei sollte ihre Aufmerksamkeit auch auf sprachliche Elemente (grammatische Konstruktionen, bildungssprachlicher Wortschatz, stilistische Nuancen) gelenkt werden. Durch den Vergleich von Texten ähnlichen Inhalts in verschiedenen Registern können die Lernenden für Stilbrüche (z. B. Elemente gesprochener Umgangssprache in der Schriftsprache) und deren Wirkung auf Rezipienten sensibilisiert werden.

Grammatik

Im schulischen FSU wird die Grammatik der Zielsprache meist sehr kleinschrittig, Regel für Regel, Kasus für Kasus vermittelt. Bei Herkunftssprechern mit guten mündlichen Kompetenzen kann man an die bereits vorhandene interne Grammatik anknüpfen und grammatische Phänomene über das Konzept vermitteln, indem bspw. die in *Chunks* (festen Wortverbindungen) inhärente Grammatik bewusstgemacht und auf neue Wortverbindungen übertragen wird.

Schwierigkeiten in der Morphologie und Syntax von Herkunftssprechern sind oft **verdeckt**. Zum einen werden im mündlichen Sprachgebrauch bestimmte grammatische Elemente wie Kasusendungen oder Artikel weniger gut gehört („schwache Formen"), sodass Probleme erst bei schriftlichen Textprodukten sichtbar werden. Zum anderen vermeiden Herkunftssprecher bestimmte grammatische Strukturen, weichen auf einfachere Satzstrukturen aus und umgehen auf diese Weise Normverstöße. Hier sind vonseiten der Lehrenden entsprechende Diagnosekompetenzen gefragt.

Ziel des Unterrichts in der HS sollte es sein, mündlich beherrschte grammatische Strukturen auch richtig schreiben zu lernen. Dafür müssen Regularitäten bewusstgemacht werden. Darüber hinaus sollten bildungssprachlich relevante grammatische Strukturen wie Partizipial- und Passivkonstruktionen, die in der gesprochenen Umgangssprache seltener vorkommen, systematisch vermittelt werden.

Damit Herkunftssprecher ihre eigene Sprachproduktion bewusst überprüfen können, sollten sie über sprachliche Formen reflektieren und zur Überarbeitung ihrer Texte, auch mit Hilfe von Nachschlagewerken, angeleitet werden.

Wortschatz

„Wörter mit Migrationshintergrund"

Als „ausgewanderte" Wörter werden scherzhaft Begriffe bezeichnet, die aus der HS in andere Sprachen entlehnt wurden, z. B. *Joghurt* aus dem Türkischen, *Grenze* aus dem Polnischen, *Orthopäde* und *Philosoph* aus dem Griechischen, *Sputnik* und *Zobel* aus dem Russischen, *Sonate* und *brutto* aus dem Italienischen. Daneben gibt es auch viele „eingewanderte" Wörter, d. h. Fremdwörter und Internationalismen in der HS, die häufig auch dem Fachwortschatz angehören. Im Unterricht der HS bieten sich sprachreflektierende Aktivitäten an, in denen die Lernenden z. B.

- vorgegebene Wörter den jeweiligen Quellsprachen oder Themen zuordnen,
- entlehnte Wörter in einem Text identifizieren (und ihre Herkunft recherchieren),

- die Lehnwörter in einem vorgegebenen Text durch herkunftssprachliche Äquivalente in der flektierten Form ersetzen,
- das Genus in der Gebersprache und der HS vergleichen (bspw. in slawischen und romanischen HS),
- frequente entlehnte Wörter sammeln und in einem eigenen Text verwenden,
- ein Quiz zu Internationalismen oder eine Präsentation zu „ausgewanderten" Wörtern erstellen.

Abb. 5: Wörter mit „Migrationshintergrund" im Türkischen

Der Wortschatz von Herkunftssprechern ist oft umgangssprachlich geprägt und auf wenige Register beschränkt. Insbesondere der Bereich der **Bildungssprache** und der Fachwortschatz müssen ausgebaut werden. Die Reflexion über die HS sollte v. a. die Konzentration auf Fehlerschwerpunkte der Schüler, bewusste Vergleiche zwischen der HS und anderen den Schülern bekannten Sprachen umfassen. Dazu gehören auch Übungen zu sog. **falschen Freunden** des Übersetzers, z. B.

(27) (portug.) *lanche* „Nachmittagsmahlzeit" ≠ *lunch* (engl.) – Mittagessen
(28) (türk.) *moral* „Laune" ≠ *Moral* (dt.)
(29) (russ.) *familija* „Familienname" ≠ *Familie* (dt.)

In diesem Zusammenhang sollten auch Entlehnungen aus dem Deutschen in die migrationsspezifische Varietät der HS thematisiert werden. Ein Beispiel für eine typische Sprachmischung haben mehrere Jugendliche im Rahmen einer Sprachmittlungsaufgabe in unserem Projekt produziert. Als sie den Weg ins städtische Krankenhaus beschreiben sollten, übertrugen sie die deutsche Präpositionalphrase *mit der U-Bahn* ins Polnische als *U-Bahn-em* (korrekt wäre *metr-em*) und ins Russische als *na U-Bahn-e* (Standardrussisch: *na metro*). Während die morphologische Form (mit Instrumental im Polnischen sowie mit Präposition und Präpositiv im Russischen) meist korrekt wiedergegeben wurde, wäre das aus dem Deutschen entlehnte *U-Bahn* für einen Adressaten ohne Deutschkenntnisse nicht verständlich (vgl. Mehlhorn / Yastrebova 2017). Da Herkunftssprecher solche Formen jedoch häufig bereits im Input hören (auch von den in unserem Projekt getesteten Eltern haben einige die o. g. Formen produziert), sollte im HSU besonders viel Wert auf die Vermittlung der passenden Lexik gelegt werden.

Schreiben

Die Ausgangslage der HS als vorwiegend mündlich verwendete Familiensprache gibt das Ziel für den HSU auf funktional-kommunikativer Ebene vor. So heißt es im Hamburger Bildungsplan für die HS:

> Die Unterrichtssprache wird zunehmend zu einer konzeptionell schriftlichen Sprache, in der verdichtete, kognitiv immer anspruchsvollere Informationen in kontextarmen Konstellationen angeboten werden. Der herkunftssprachliche Unterricht fördert bildungssprachliche Kompetenzen in der Herkunftssprache, indem er explizit, systematisch und kontinuierlich Differenzen zwischen Bildungs- und Alltagssprachgebrauch thematisiert (FHH 2011: 17).

Wenn die Lernenden bereits alphabetisiert wurden, sind schon früh expansive und anspruchsvolle Schreibaufgaben möglich, bei denen sowohl eine Konzentration auf den Inhalt als auch eine allmähliche Verbesserung der Orthografie, der Grammatik und des Stils angestrebt werden sollten. Im Dossierteil des Sprachenportfolios können die Schüler eigene Textproduktionen über einen längeren Zeitraum sammeln und auf diese Weise ihre Lernfortschritte in der HS dokumentieren. Schader / Maloku (2016) geben ausführliche Hinweise und Anregungen zur Förderung des Schreibens in der Erstsprache v. a. für jüngere Lerner, die sich leicht für konkrete HS adaptieren lassen.

Im Bereich der Lernstrategien sollte ein Schwerpunkt auf der Erstellung und Überarbeitung schriftlicher Texte liegen. Hilfreiche Kriterien zur Beurteilung von Schülertexten finden sich im LinguS-Band 2 (Geist / Krafft 2017: 108 f.). Um in eigene Texte mehr **Bildungssprache** zu integrieren und dabei Lesetexte für die eigene Sprachproduktion zu nutzen, bieten sich die in Krings (2016: 460–470) erläuterten Strategien an:

- *Spot the gap:* Markiere im Text alle Stellen, für die gilt: Wenn ich das hätte spontan sagen sollen, wäre ich nicht von allein darauf gekommen, es so auszudrücken.
- *Spot the difference:* Markiere im Text alle Stellen, für die gilt: Hier wird in der Zielsprache in einer für mich überraschenden Weise etwas anders ausgedrückt (versprachlicht) als im Deutschen.
- *Customize:* Formuliere mithilfe der herausgefilterten Sprachmittel eine neue Aussage, die in deiner persönlichen Sprachanwendung vorkommen könnte.

Durch bewusste Aufmerksamkeitslenkung (*focus on form*) sollen es diese Strategien ermöglichen, dass relevante Strukturen im sprachlichen Input von den Schülern bewusst wahrgenommen (*Intake*) und für ihren *Output* verfügbar gemacht werden.

Orthografie

Im Gegensatz zu Fremdsprachenlernenden, die das Schriftbild der Zielsprache von neuen Vokabeln meist nebenbei mitlernen, befinden sich Lernende der HS in einem anderen Erwerbsmodus: Sie kennen oft die Lautform, haben sie aber bisher nicht mit der Schreibung in Verbindung gebracht, sodass zusätzliche Aufmerksamkeitsressourcen und *Monitoring* nötig sind. Ihnen muss Orthografie explizit und kleinschrittig vermittelt werden, wobei eine Konzentration auf typische Fehlerschwerpunkte empfehlenswert ist. Für die Rechtschreibung müssen Lerner der HS also wesentlich mehr Zeit und Übung als Fremdsprachenlernende aufbringen. In einem sonst kommunikativ ausgerichteten FSU, in dem Orthografie nur eine „dienende Funktion" zugewiesen wird, mag das zunächst befremdlich wirken. Man könnte sich ja auch auf den Standpunkt stellen, dass es ausreicht inhaltlich zu verstehen, was der Schreiber ausdrücken möchte und dass man über kleinere „Schönheitsfehler" tolerant hinwegsehen kann. Hierbei sollte jedoch die Rezipientenperspektive berücksichtigt werden: Die extrem abweichende Rechtschreibung vieler Herkunftssprecher ruft bei Muttersprachlern der Zielsprache oft komische Effekte hervor, die auch stigmatisierend auf die Herkunftssprecher wirken können, wenn die Schreiber unbewusst als ungebildet und wenig intelligent eingestuft werden. Das ist insbesondere relevant für HS, in deren Herkunftsland eine hohe Normorientierung in der Schriftsprache vorherrscht.

Typische Fehlerschwerpunkte in HS mit Alphabetschriften betreffen v. a.

- die Getrennt- und Zusammenschreibung,
- die Groß- und Kleinschreibung,
- die Interpunktion,
- die Schreibung von Affixen und grammatischen Endungen,
- die Schreibung von Wörtern mit demselben Wortstamm und somit auch Wortbildungswissen (vgl. LinguS-Band 1),

wobei v. a. die drei ersten Schwerpunkte durch internalisierte Regeln der deutschen Rechtschreibung beeinflusst sind.

Im Rechtschreibunterricht der HS ist zum Teil eine andere Methodik als im FSU sinnvoll. Während in einem kommunikativen FSU so gut wie nie Diktate geschrieben werden, kann das im Unterricht mit Herkunftssprechern durchaus angebracht sein. Dabei sind zahlreiche Varianten z. B. des bei Grundschülern beliebten **Laufdiktats** (auch Schleichdiktat, Dosendiktat) denkbar sowie Aktivitäten, in denen gezielt Wortgruppen, Sätze oder kürzere Texte abgeschrieben bzw. leicht variiert werden. Während wir das reine Abschreiben von Texten als wenig zielführend ansehen, da die Schüler hierbei den „Autopilotmodus" einschalten können und bei solchen Aktivitäten vermutlich weniger lernen, halten wir alle Formen von Schreibübungen für hilfreich, bei denen die Lernenden kognitiv gefordert sind, indem sie bspw. Elemente in einem vorgegebenen Text austauschen, Mustertexte umschreiben oder sich mehrere Wörter oder Wortgruppen einprägen, um sie dann aus dem Gedächtnis wieder aufzuschreiben, wobei sie bewusst auf die korrekte Schreibung (auch grammatischer Elemente) achten müssen.

Sowohl orthografische als auch grammatische Abweichungen können in einer **persönlichen Fehlerhitliste** (vgl. Kleppin / Mehlhorn 2008: 20) gesammelt werden (vgl. Abb. 6), wobei die Lernenden die Schwierigkeiten danach sortieren können, welche Fehler sie bereits vermeiden könnten, weil sie wissen, wie es richtig heißen muss:

Meine „Lieblingsfehler"	will ich unbedingt abschaffen	Vermeidung noch zu schwierig für mich	Korrektur
z**em**by	X		z**ę**by
kr**u**l	X		kr**ó**l
Ba**sz**a		X	Ba**si**a

Abb. 6: Persönliche Fehlerhitliste (HS Polnisch)

Um das Schreiben zu verbessern, können sich die Schüler auf Fehlersuche begeben, indem sie

- interessante Fehler sammeln, Fehlerursachen erforschen,
- Fehler des Banknachbarn berichtigen,
- Vergleiche zum Deutschen und anderen gelernten Sprachen anstellen
  - Auch im Englischen / Französischen / Spanischen / … werden Substantive klein geschrieben …
- eigene schriftliche Arbeiten berichtigen,
- Nachschlagewerke nutzen,
  - z. B. die Rechtschreibhilfe in Textverarbeitungsprogrammen,
- Abweichungen und die korrekte Form in einem individuellen Fehlerprotokoll dokumentieren.

Die Idee des **individuellen Fehlerprotokolls** (ebd.: 21) beruht darauf, dass die Lernenden ihre eigenen Textproduktionen gezielt reflektieren und sich zu ihren bisherigen Fehlern Regeln bzw. Eselsbrücken notieren, die ihnen helfen, diese Fehler in Zukunft zu vermeiden (vgl. Abb. 7):

Welche Fehler ich kaum noch / immer seltener mache	Warum (meine Eselsbrücke)
машына, жызнь	*машина, жизнь* → Жи, Ши пиши с буквой и!
in unbetonten Silben <a> statt <o> schreiben, z. B. *charašo, malako*	*chorošó, molokó* → Wörter mit *-oro-* und *-olo-* werden immer mit <o> geschrieben!
die Substantivendung im Präpositiv (6. Fall)	**Где**? mit -**е**!

Abb. 7: Individuelles Fehlerprotokoll (HS Russisch)

Wort-Sudoku (Wodoku)

Sudokus stellen eine beliebte Rätselform bei Schülern dar. Ersetzt man die Zahlen durch Wörter, kann man sie leicht zu Sprachlernspielen, sog. Wodokus, adaptieren. Die Idee dabei ist, dass sich die Rechtschreibung der Wörter und/oder grammatischen Endungen durch das wiederholte Schreiben im (visuellen und schreibmotorischen) Gedächtnis eingraben. In Abbildung 8 handelt es sich um ein 6-er Sudoku mit den Konjugationsformen des türkischen Verbs *öğren-mek* („lernen, üben") im Präsens. Auch wenn das Türkische insgesamt eine eher lernerfreundliche Orthografie aufweist, bei der in der Regel einem Laut ein Buchstabe entspricht, gibt es auch für Herkunftssprecher schwierigere Grapheme. So wird das *yumuşak ğ* („weiches g") wegen seiner geringen auditiven Prominenz von Herkunftssprachenlernern beim Schreiben gern ausgelassen.

Für fortgeschrittene Sudoku-Schreiber sind natürlich auch 9-er Sudokus möglich, mit denen man Wortschatz zu einem bestimmten Themenfeld oder Wörter mit bestimmten orthografischen Hürden fokussieren kann.

Wort-Sudoku:
Vervollständigt das Spielfeld so, dass jedes Wort genau einmal in jeder Zeile, jeder Spalte und jedem dick umrandeten Kasten auftritt.

öğreniyorsun	öğreniyorsunuz			öğreniyorum	öğreniyorlar
öğreniyoruz			öğreniyor		öğreniyorsun
	öğreniyoruz			öğreniyor	
	öğreniyorsun			öğreniyorlar	
öğreniyorlar		öğreniyoruz			öğreniyor
öğreniyorsunuz	öğreniyor			öğreniyoruz	öğreniyorum

Abb. 8: Wort-Sudoku Türkisch

Sprechen

Eine Fülle von Aktivitäten zur Förderung der Mündlichkeit in der Erstsprache jüngerer Schüler, die für verschiedene HS adaptiert werden können, bieten Schader et al. (2016).

Auch beim Sprechen kann ein *macro approach* mit Schwerpunkt auf Präsentationen und Diskussionen genutzt werden. Die Herkunftssprecher sollten v. a.

das Sprechen in formellen Situationen, auch vor Publikum, üben und dabei Bildungssprache verwenden. Geeignete Sprechaktivitäten sind bspw.

- Wortschatzerklärungen in der Zielsprache, Definitionen, z. B. auch mit dem Sprachlernspiel „Tabu",
- Übernahme von Unterrichtsphasen in Form vorbereiteter Kurzvorträge für die Mitschüler (Lernen durch Lehren), z. B. über zuvor recherchierte landeskundliche Themen oder rezipierte literarische, Sach- oder Fachtexte,
- Pro- und Contra-Diskussion,
- Simulation eines Bewerbungsgesprächs in der Zielsprache,
- mündliche Sprachmittlungsaufgaben.

Im Unterricht mit Fremdsprachenlernenden können die Herkunftssprecher bei kommunikativen Aktivitäten die anspruchsvolleren **sprechintensiven Rollen** übernehmen, z. B. im Geschäft die Verkäuferin, im Restaurant den Kellner, die / der jeweils mehrere Kunden bzw. Gäste bedient und in dieser Rolle auch mehr improvisieren kann, die Moderatorin in einer Talkshow oder den Sprachmittler beim informellen Dolmetschen. Auch bei Projektarbeit ist eine solche Differenzierung „von unten" möglich.

Herkunftssprecher, die flüssiger sprechen als ihre Mitschüler, sollten durchaus auch in Bezug auf ihren Ausdruck korrigiert werden, wenn sie bspw. zu umgangssprachlich formulieren, sich im Register vergreifen oder ihnen grammatische Fehler unterlaufen. Aufgrund ihres sprachlichen Kompetenzvorsprungs sind sie kognitiv eher in der Lage, Fehlerkorrekturen dieser Art zu verarbeiten. Zudem kann der Hinweis auf systematische Abweichungen eine Bewusstmachung bewirken, die Voraussetzung für die Verbesserung bzw. Vermeidung dieser Fehler ist.

Sprachmittlung

Die Sprachmittlungserfahrungen im Alltag der Herkunftssprecher (vgl. Kap. 4.1.1) erlauben anspruchsvollere Aufgaben als im FSU, insbesondere auch in formellen Situationen und zur schriftlichen Sprachmittlung. Zunächst sollte die kommunikative Sprachmittlung als komplexe Fertigkeit aber überhaupt in den HSU integriert werden. Unsere Interviews mit HSU-Lehrenden haben gezeigt, dass Sprachmittlungsaktivitäten bisher kaum eine Rolle in diesem Unterricht spielen, obwohl sie bereits in einigen Lehrplänen für den HSU verankert sind. So heißt es z. B. im Rahmenplan Herkunftssprachen Rheinland-Pfalz:

> Sie [Die Schüler] können Anforderungen der Sprachmittlung erfüllen, d. h. einfache Mitteilungen, Gesprächsinhalte, aber auch längere Erklärungen und schriftliche Texte von einer Sprache in die andere übertragen und zwar bei regulärer Übung und Anwendung auch mit zunehmender Sicherheit (MBWWK 2012: 8).

Reimann (2016b: 42) weist darauf hin, dass durch die Einbeziehung von im FSU anwesenden Herkunftssprechern „beinahe-authentische Situationen" für die Sprachmittlung geschaffen und gleichzeitig die in der Lerngruppe vorhandenen Sprachen gewürdigt und aufgewertet werden können (für entsprechende Aufgabenvorschläge vgl. Bermejo-Muñoz 2014 sowie Reimann / Siems 2015).

Bei der Erstellung anspruchsvoller Sprachmittlungsaufgaben für Herkunftssprecher sollte beachtet werden, dass diese auch formalere Kontexte umfassen, in denen z. B. unbekannte Personen angesprochen (gesiezt) werden müssen – Situationen, denen die Lernenden im familiären Kontext eher selten begegnen –, dass kulturspezifische Lexik und auch bildungssprachliche Elemente gemittelt und in der HS evtl. nicht bekannter Wortschatz paraphrasiert werden muss. Im Kontext von mündlichen Sprachmittlungsaufgaben kann auch gezielt das Anfertigen von Notizen in der HS trainiert werden, zumal Herkunftssprecher in diesem Bereich erhöhten Übungsbedarf haben und schnell auf Notizen in deutscher Sprache ausweichen (vgl. Mehlhorn 2018).

Durch schriftliche Sprachmittlungsaufgaben, z. B. das Zusammenfassen oder sinngemäße Übertragen von Texten, wird das Schreiben generell geübt, aber auch die Nutzung von Sprachmittlungsstrategien wie Vereinfachen, Umschreiben unbekannter Lexik, Auslassung redundanter Informationen. Konstruktives individuelles Feedback und die Notwendigkeit, schriftliche Textprodukte zu überarbeiten, können zur weiteren Verbesserung der schriftlichen Kompetenzen der Herkunftssprecher beitragen.

5.4.3 Fazit

Die Anwendung der skizzierten Vermittlungsprinzipien und -strategien soll die Anerkennung und den systematischen Ausbau der mitgebrachten sprachlichen Ressourcen der Herkunftssprecher im Unterricht ermöglichen. Voraussetzung für einen effizienten Unterricht ist dabei eine gute Diagnostik der vorhandenen herkunftssprachlichen Kompetenzen und individuellen Lernbedarfe.

Durch ein Maximum an sprachlichen Anregungen und stilistischer Vielfalt innerhalb des Unterrichts kann der Begrenztheit kommunikativer Nutzungsmöglichkeiten außerhalb des Unterrichts begegnet werden (vgl. Reich 2018). Wünschenswert wäre eine Vernetzung und Zusammenarbeit von Lehrenden des HSU, FSU, des Deutschunterrichts und weiterer Fächer. Die methodisch-didaktische Einbeziehung von Unterricht in der HS in ein schulisches Gesamtsprachenkonzept (vgl. Hufeisen 2018) könnte darüber hinaus zur Aufwertung des HSU beitragen (vgl. Böhmer 2016: 154). Curricula für den HSU sollten außer den generellen sprachenübergreifenden Zielen und Empfehlungen auch sprachenspezifische Hinweise enthalten (vgl. Reich 2018: 297). Diese Entwicklung und die Erarbeitung von Lehrmaterialien für konkrete HS stehen jedoch noch am Anfang.

5.5 Aufgaben

1. Warum ist die Bezeichnung „muttersprachlicher Unterricht“ für HSU irreführend?
2. Beim Übergang von der Grundschule in die weiterführende Schule wird zusätzlicher, nicht abschlussrelevanter HSU häufig abgebrochen. Welche Argumente sprechen Ihrer Meinung nach für eine Weiterführung des HSU auch im Jugendalter der Schüler?
3. Überlegen Sie sich drei Aktivitäten zur Implementierung von Herkunftssprachen in Ihren Unterricht. Berücksichtigen Sie dabei alle von Ihnen studierten bzw. unterrichteten Fächer.
4. Erstellen Sie ein Wort-Sudoku zu einem Übungsschwerpunkt im Bereich der Orthografie für eine Ihnen bekannte HS bzw. Fremdsprache.
5. Sammeln Sie ins Deutsche „eingewanderte“ Wörter aus verschiedenen Sprachen und konzipieren Sie ein Projekt, das alle in Ihrer Klasse vorhandenen Herkunftssprachen einbezieht.

5.6 Weiterführende Literaturhinweise

Lengyel und Neumann (2016) haben eine ausführliche quantitative Studie zu Einstellungen Hamburger Eltern zum HSU vorgelegt, die eine Fülle von Herkunftssprachen berücksichtigt. Einen Überblick über Herkunftssprachen im deutschen Schulsystem, Organisationsformen und Curricula des HSU liefert der Artikel von Mehlhorn (2017).

Der Band von Krifka (2014) versammelt Sprachenporträts zu den 20 häufigsten in Deutschland gesprochenen Sprachen mit fundierten linguistischen Hintergrundinformationen.

Schader (2012) präsentiert 101 praxisorientierte Vorschläge für eine sprachfördernde Gestaltung des schulischen Unterrichts zur Stärkung der HS von Schülern. Das praxisorientierte Kompendium ist sprachenübergreifend angelegt und sollte für konkrete HS adaptiert werden. Das von Schader (2016) herausgegebene Hand- und Arbeitsbuch zu Grundlagen und Hintergründen des HSU informiert über Besonderheiten und Herausforderungen des HSU, thematisiert Kernpunkte der Pädagogik, Didaktik und Methodik in den Einwanderungsländern und enthält Erfahrungsberichte sowie konkrete Unterrichtsbeispiele.

Literaturverzeichnis

Adler, I. et al. (2016 ff.): *Dialog. Lehrbuch für den Russischunterricht.* Berlin: Cornelsen.

Aeschimann-Ferreira, E. / Rocha, R. (2016): *Förderung des Lesens in der Erstsprache.* Zürich: Orell-Füssli.

Altenberg, E. / Vago, R. M. (2004): „The role of grammaticality judgements in investigating first language attrition". In: Schmid, M. et al. (Hrsg.): *First language attrition. Interdisciplinary perspectives on methodological issues.* Amsterdam: John Benjamins, 105–129.

Anstatt, T. (2011): „Sprachattrition. Abbau der Erstsprache bei russisch-deutschen Jugendlichen". In: *Wiener Slawistischer Almanach* 67, 7–31.

Anstatt, T. (2013): „Polnisch als Herkunftssprache: Sprachspezifische grammatische Kategorien bei bilingualen Jugendlichen". In: Kempgen, S. et al. (Hrsg.): *Deutsche Beiträge zum 15. Internationalen Slavistenkongress Minsk 2013.* München, Berlin: Sagner, 25–35.

Anstatt, T. (2017): „Language attitudes and linguistic skills in young heritage speakers of Russian in Germany". In: Isurin, L. / Riehl, C. M. (Hrsg.): *Integration, identity and language maintenance in young immigrants: Russian Germans or German Russians.* Amsterdam: John Benjamins, 197–223.

Anstatt, T. (2018): „Input ohne Output: Rezeptiver Bilingualismus und sein Potenzial". In: Mehlhorn, G. / Brehmer, B. (Hrsg.): *Potenziale von Herkunftssprachen – Sprachliche und außersprachliche Einflussfaktoren.* Tübingen: Stauffenburg, 15–38.

Anstatt, T. / Rubcov, O. (2012): „Gemischter Input – einsprachiger Output? Familiensprache und Entwicklung der Sprachtrennung bei bilingualen Kleinkindern". In: Weydt, H. / Jungbluth, K. / Jańczak, B. (Hrsg.): *Mehrsprachigkeit aus deutscher Perspektive.* Tübingen: Narr, 73–94.

Armon-Lotem, Sh. / de Jong, J. / Meir, N. (Hrsg.) (2015): *Assessing multilingual children.* Bristol: Multilingual Matters.

Auer, P. (1999): „From codeswitching via language mixing to fused lects. Towards a dynamic typology of bilingual speech". In: *International Journal of Bilingualism* 3 / 4, 309–332.

BAMF – Bundesamt für Migration und Flüchtlinge (2016): *Migrationsbericht 2015.* Nürnberg / Berlin: Bundesministerium des Innern. Online unter www.bamf.de (letzter Abruf: 10. 04. 2018).

Becker, S. (2016): „Translanguaging im transnationalen Raum Deutschland – Türkei". In: Küppers, A. / Pusch, B. / Semerci, U. (Hrsg.): *Bildung in transnationalen Räumen.* Wiesbaden: Springer, 35–52.

Benmamoun, E. / Montrul, S. / Polinsky, M. (2013a): „Defining an ‚ideal' heritage speaker: Theoretical and methodological challenges“. In: *Theoretical Linguistics* 39 / 3–4, 259–294.

Benmamoun, E. / Montrul, S. / Polinsky, M. (2013b): „Heritage languages and their speakers: Opportunities and challenges for linguistics“. In: *Theoretical Linguistics* 39 / 3–4, 129–181.

Bermejo-Muñoz, S. (2014): Implementierung schulischer und lebensweltlicher Mehrsprachigkeit in ein aufgabenorientiertes Unterrichtskonzept im Spanischunterricht der Sekundarstufe II. In: *Zeitschrift für Interkulturellen Fremdsprachenunterricht* 19 / 1, 119–137.

Blom, E. / Unsworth, S. (Hrsg.) (2010): *Experimental methods in language acquisition research*. Amsterdam: John Benjamins.

Bloomfield, L. (1933): *Language*. New York: Holt.

Böhmer, J. (2015): *Biliteralität. Eine Studie zu literaten Strukturen in Sprachproben von Jugendlichen im Deutschen und im Russischen*. Münster, New York: Waxmann.

Böhmer, J. (2016): „Ausprägungen von Biliteralität bei deutsch-russisch bilingualen Schülern und die daraus resultierenden Konsequenzen für den schulischen Russischunterricht“. In: Rosenberg, P. / Schroeder, C. (Hrsg.): *Mehrsprachigkeit als Ressource in der Schriftlichkeit*. Berlin: Mouton de Gruyter, 127–151.

Bolonyai, A. (2007): „(In)vulnerable agreement in incomplete bilingual L1 learners“. In: *International Journal of Bilingualism* 11, 3–21.

Brehmer, B. (2016): „Bestimmung des Sprachstands in einer Herkunftssprache: Ein Vergleich verschiedener Testverfahren am Beispiel des Polnischen als Herkunftssprache in Deutschland“. In: *Glottodidactica* 43 / 1, 39–52.

Brehmer, B. / Czachór, A. (2012): „Formation and distribution of the analytic future tense in Polish-German bilinguals“. In: Braunmüller, K. / Gabriel, Ch. (Hrsg.): *Multilingual individuals and multilingual societies*. Amsterdam: John Benjamins, 297–314.

Brehmer, B. / Kurbangulova, T. / Winski, M. (2016): „Measuring lexical proficiency in Slavic heritage languages: A comparison of different experimental approaches“. In: Anstatt, T. / Clasmeier, Ch. / Gattnar, A. (Hrsg.): *Slavic languages in psycholinguistics. Chances and challenges for empirical and experimental research*. Tübingen: Narr, 225–256.

Brehmer, B. / Mehlhorn, G. (2015a): „Russisch als Herkunftssprache in Deutschland. Ein holistischer Ansatz zur Erforschung des Potenzials von Herkunftssprachen“. In: *Zeitschrift für Fremdsprachenforschung* 26 / 1, 85–123.

Brehmer, B. / Mehlhorn, G. (Hrsg.) (2015b): „Themenheft Herkunftssprachen“. In: *Zeitschrift für Fremdsprachenforschung* 26 / 1.

Brehmer, B. / Mehlhorn, G. (2018): „Unterricht in den Herkunftssprachen Russisch und Polnisch: Einstellungen und Effekte“. In: Mehlhorn, G. / Brehmer, B. (Hrsg.):

Potenziale von Herkunftssprachen – Sprachliche und außersprachliche Einflussfaktoren. Tübingen: Stauffenburg, 261–294.

Brizić, K. (2007): *Das geheime Leben der Sprachen. Gesprochene und verschwiegene Sprachen und ihr Einfluss auf den Spracherwerb in der Migration.* Münster, New York: Waxmann.

Burghardt, M. (2001): „Herkunftssprachen und Fremdsprache in einem Kurs". In: *Praktika* 4, 6–8.

Burkhardt, J. / Mehlhorn, G. / Yastrebova, M. (2018): „Spracheinstellungen in polnisch- und russischsprachigen Familien". In: Mehlhorn, G. / Brehmer, B. (Hrsg.): *Potenziale von Herkunftssprachen – Sprachliche und außersprachliche Einflussfaktoren.* Tübingen: Stauffenburg, 169–188.

Bylund, E. (2009): „Maturational constraints and first language attrition". In: *Language Learning* 59 / 3, 687–715.

Carreira, M. (2004): „Seeking explanatory adequacy: a dual approach to understanding the term ‚heritage language learner'". In: *Heritage Language Journal* 2 / 1. Online unter: www.heritagelanguages.org (letzter Abruf: 14. 04. 2018).

Chlosta, Ch. / Ostermann, T. (2010): „Grunddaten zur Mehrsprachigkeit im deutschen Bildungssystem". In: Ahrenholz, B. / Oomen-Welke, I. (Hrsg.): *Deutsch als Zweitsprache.* Baltmannsweiler: Schneider, 17–30.

Clyne, M. G. (1991): *Community languages: the Australian experience.* Cambridge: Cambridge University Press.

Cummins, J. (2000): *Language, power and pedagogy. Bilingual children in the crossfire.* Clevedon: Multilingual Matters.

Dąbrowska, E. (2013): „Heritage languages: a new laboratory for empirical linguistics". In: *Theoretical Linguistics* 39 / 3–4, 195–201.

Daller, M. H. / Treffers-Daller, J. (2014): „Moving between languages: Turkish returnees from Germany". In: Menzel, B. / Engel, C. (Hrsg.): *Rückkehr in die Fremde? Ethnische Remigration russlanddeutscher Spätaussiedler.* Berlin: Frank & Timme, 185–212.

De Bot, K. / Gorter, D. (2005): „A European perspective on heritage languages". In: *The Modern Language Journal* 89, 612–616.

De Bot, K. / Lowie, W. / Verspoor, M. (2007): „A Dynamic Systems Theory approach to second language acquisition". In: *Bilingualism: Language and Cognition* 10 / 1, 7–21.

De Houwer, A. (1990): *The acquisition of two languages from birth: a case study.* Cambridge: Cambridge University Press.

De Houwer, A. (1995): „Bilingual language acquisition". In: Fletcher, P. / MacWhinney, B. (Hrsg.): *Handbook of child language.* London: Blackwell, 219–250.

Denisova-Schmidt, E. / Walach, E. (2014): *Erfolgreich unterrichten in heterogenen Lerngruppen.* Eisenstadt: E. Weber Verlag.

Dixon, L.Q. / Wu, S. / Daraghmeh, A. (2012): „Profiles in bilingualism: factors influencing kindergartners' language proficiency." In: *Early Childhood Education Journal* 40, 25–34.

Doleschal, U. / Mikić, G. (i. Dr.): „Codeswitching bei ex-jugoslawischen Herkunftssprecher / innen des Bosnischen oder Kroatischen aus Kärnten". In: Deutschmann, P. / Mendoza, I. / Reuther, T. / Woldan, A. (Hrsg.): *Österreichische Beiträge zum Internationalen Slawistenkongress Belgrad 2018*. Frankfurt / M.: Peter Lang.

Dollmann, J. / Kristen, C. (2010): „Herkunftssprache als Ressource für den Schulerfolg? Das Beispiel türkischer Grundschulkinder". In: *Zeitschrift für Pädagogik* 55, 123–146.

Ehlich, K. (2007): „Sprachaneignung und deren Feststellung bei Kindern mit und ohne Migrationshintergrund: Was man weiß, was man braucht, was man erwarten kann". In: Ehlich, K. et al. (2007): *Anforderungen an Verfahren der regelmäßigen Sprachstandsfeststellung als Grundlage für die frühe und individuelle Förderung von Kindern mit und ohne Migrationshintergrund*. Bonn, Berlin: BMBF, 11–75.

Ehlich, K. / Bredel, U. / Reich, H.H. (2008): *Referenzrahmen zur altersspezifischen Sprachaneignung*. Bonn, Berlin: BMBF.

Ehlich, K. et al. (2007): *Anforderungen an Verfahren der regelmäßigen Sprachstandsfeststellung als Grundlage für die frühe und individuelle Förderung von Kindern mit und ohne Migrationshintergrund*. Bonn, Berlin: BMBF.

Elsner, D. (2009): „Englisch lernen als dritte Sprache. Was unterscheidet den zwei- oder mehrsprachigen vom einsprachigen Fremdsprachenlerner?" In: *PRAXIS Fremdsprachenunterricht* 2009 / 2, 4–8.

Elsner, D. (2015): „Inklusion von Herkunftssprachen – Mehrsprachigkeit als Herausforderung und Chance". In: Bongartz, C.M. / Rohde, A. (Hrsg.): *Inklusion im Englischunterricht*. Frankfurt / M.: Peter Lang, 71–94.

Esser, H. (2006): *Sprache und Integration. Die sozialen Bedingungen und Folgen des Spracherwerbs von Migranten*. Frankfurt / M. Campus.

FHH – Freie und Hansestadt Hamburg, Behörde für Bildung und Sport (Hrsg.) (2011): *Bildungsplan Gymnasium Herkunftssprachen. Sekundarstufe I*. Hamburg.

Fishman, J. (1966): *Language loyalty in the United States: the maintenance and perpetuation of Non-English mother tongues by American ethnic and religious groups*. London: Mouton.

Fishman, J. (2001): *Can threatened languages be saved?* Clevedon: Multilingual Matters.

Flores, C.M. (2010): „The effect of age on language attrition: Evidence from bilingual returnees". In: *Bilingualism: Language and Cognition* 13 / 4, 533–546.

Flores, C.M. (2015): „Understanding heritage language acquisition. Some contributions from the research on heritage speakers of European Portuguese". In: *Lingua* 164 B, 251–265.

Fürstenau, S. / Gogolin, I. / Yağmur, K. (Hrsg.) (2003): *Mehrsprachigkeit in Hamburg. Ergebnisse einer Spracherhebung an den Grundschulen in Hamburg*. Münster, New York: Waxmann.

Fuß, E. / Geipel, M. (2018): *Das Wort*. Tübingen: Narr. [LinguS; 1].

Gagarina, N. / Klassert, A. / Topaj, N. (2010): *Sprachstandstest Russisch für mehrsprachige Kinder*. Berlin: ZAS.

Gagarina, N. et al. (2014): „Age, input quantity and their effect on linguistic performance in the home and societal language among Russian-German and Russian-Hebrew preschool children." In: Silbereisen, R. / Titzmann, P. / Shavit, Y. (Hrsg.): *The challenges of diaspora migration: Interdisciplinary perspectives on Israel and Germany*. London: Ashgate, 63–82.

Garcia, O. / Wei, L. (2014): *Translanguaging: language, bilingualism and education*. London: Palgrave Macmillan.

Gardner-Chloros, P. (2009): *Code-switching: an introduction*. Cambridge: Cambridge University Press.

Gass, S. / Selinker, L. (1992): *Language transfer in language learning*. Amsterdam: John Benjamins.

Geist, B. / Krafft, A. (2017): *Deutsch als Zweitsprache. Sprachdidaktik für mehrsprachige Klassen*. Tübingen: Narr. [LinguS; 2].

Göbel, K. / Rauch, D. / Vieluf, S. (2011): „Leistungsbedingungen und Leistungsergebnisse von Schülerinnen und Schülern türkischer, russischer und polnischer Herkunftssprachen". In: *Zeitschrift für Interkulturellen Fremdsprachenunterricht* 16 / 2, 50–65.

Gogolin, I. (1988): *Erziehungsziel Zweisprachigkeit. Konturen eines sprachpädagogischen Konzepts für die multikulturelle Schule*. Hamburg: Bergmann & Helbig.

Gogolin, I. / Lange, I. (2011): „Bildungssprache und durchgängige Sprachbildung". In: Fürstenau, S. / Gomolla, M. (Hrsg.): *Migration und schulischer Wandel: Mehrsprachigkeit*. Wiesbaden: VS-Verlag, 107–128.

Gogolin, I. / Neumann, U. (Hrsg.): *Streitfall Zweisprachigkeit. The Bilingualism Controversy*. Wiesbaden: VS-Verlag.

Gogolin, I. / Roth, H.-J. (2007): „Bilinguale Grundschule: Ein Beitrag zur Förderung der Mehrsprachigkeit". In: Anstatt, T. (Hrsg.): *Mehrsprachigkeit bei Kindern und Erwachsenen. Erwerb – Formen – Förderung*. Tübingen: Attempto, 31–45.

Grehlich, U. / Spielmann, S. / Strunz, I. (2002): „München – Münih – Munich. Eine Stadttour in vielen Sprachen: Vergleichendes Lesen unter dem Aspekt der Mehrsprachigkeit". In: *Praxis Deutsch* 29, 22–24.

Grosjean, F. (1989): „Neurolinguists, beware! The bilingual is not two monolinguals in one person". In: *Brain and Language* 36 / 1, 3–15.

Große, M. (2014): „Pons Latinus – Modellierung eines sprachsensiblen Lateinunterrichts". In: *Info DaF* 1, 70–89.

Hallet, W. (2008): „Das Klassenzimmer als Olympische Arena. Integrative Mehrsprachigkeit im Fremdsprachenunterricht". In: *PRAXIS Fremdsprachenunterricht* 5 / 3, 3–7, 12.

Hecker, B. / Reich, H. H. (2013): „Herkunftssprachen in den Sekundarstufen. Wie kann der Herkunftssprachenunterricht in das Gesamtsprachenkonzept der Sekundarschulen integriert werden?" In: *Pädagogik* 65 / 4, 38–41.

Herdina, P. / Jessner, U. (2002): *A dynamic model of multilingualism. Perspectives of change in psycholinguistics*. Clevedon: Multilingual Matters.

Hinnenkamp, V. (2000): „Gemischt sprechen von Migrantenjugendlichen als Ausdruck ihrer Identität". In: *Der Deutschunterricht* 5, 96–107.

Hinnenkamp, V. (2005): „'Zwei zu bir miydi?' – Mischsprachliche Varietäten von Migrantenjugendlichen im Hybriditätsdiskurs". In: Hinnenkamp, V. / Meng, K. (Hrsg.): *Sprachgrenzen überspringen. Sprachliche Hybridität und polykulturelles Selbstverständnis*. Tübingen: Narr, 51–103.

Hinnenkamp, V. / Meng, K. (Hrsg.) (2005): *Sprachgrenzen überspringen. Sprachliche Hybridität und polykulturelles Selbstverständnis*. Tübingen: Narr.

Hopf, D. (2011): „Schulleistungen mehrsprachiger Kinder: Zum Stand der Forschung". In: Hornberg, S. / Valtin, R. (Hrsg.): *Mehrsprachigkeit. Chance oder Hürde beim Schriftspracherwerb? Empirische Befunde und Beispiele guter Praxis*. Berlin: Deutsche Gesellschaft für Lesen und Schreiben, 12–31.

Hopp, H. / Putnam, M. (2015): „Syntactic restructuring in heritage grammars". In: *Linguistic Approaches to Bilingualism* 5 / 2, 180–214.

Hu, A. (2003): *Schulischer Fremdsprachenunterricht und migrationsbedingte Mehrsprachigkeit*. Tübingen: Narr.

Hufeisen, B. (2011): „Gesamtsprachencurriculum: Überlegungen zu einem prototypischen Modell". In: Baur, R. / Hufeisen, B. (Hrsg.): *„Vieles ist sehr ähnlich." Individuelle und gesellschaftliche Mehrsprachigkeit als bildungspolitische Aufgabe*. Baltmannsweiler: Schneider, 265–282.

Hufeisen, B. (2018): „Institutional education and multilingualism: PlurCur® as a prototype of a multilingual whole school policy". In: *European Journal of Applied Linguistics* 6 / 1, 131–162.

Hyltenstam, K. / Abrahamsson, N. (2003): „Maturational constraints in second language acquisition". In: Doughty, C. / Long, M. H. (Hrsg.): *Handbook of second language acquisition*. Oxford: Blackwell, 539–588.

Jańczak, B. A. (2013): *Deutsch-polnische Familien: Ihre Sprachen und Familienkulturen in Deutschland und in Polen*. Frankfurt / M.: Peter Lang.

Jarvis, S. / Pavlenko, A. (2008): *Crosslinguistic influence in language and cognition*. New York: Routledge.

Jessner, U. (2003): „Das multilinguale Selbst. Perspektiven der Veränderung". In: de Florio-Hansen, I. / Hu, A. (Hrsg.): *Plurilingualität und Identität. Zur Selbst- und Fremdwahrnehmung mehrsprachiger Menschen.* Tübingen: Stauffenburg, 25–37.

Kagan, O. / Dillon, K. (2003): „A new perspective on teaching Russian: Focus on the heritage learner". In: *Heritage Language Journal* 1 / 1, 76–90.

Karagiannakis, E. / Nauwerck, P. (2007): „Wortschatzarbeit in mehrsprachigen Klassen." In: *Deutschunterricht* 2, 10–14.

Karl, K. B. (2012): *Bilinguale Lexik: nicht materieller lexikalischer Transfer als Folge der aktuellen russisch-deutschen Zweisprachigkeit.* München, Berlin: Sagner.

King, K. A. / Fogle, L. W. (2013): „Family language policy and bilingual parenting". In: *Language Teaching* 46 / 2, 172–194.

Klann-Delius, G. (2016): *Spracherwerb: Eine Einführung.* 3. Auflage. Stuttgart: J. B. Metzler.

Klassert, A. / Gagarina, N. (2010): „Der Einfluss des elterlichen Inputs auf die Sprachentwicklung bilingualer Kinder: Evidenz aus russischsprachigen Migrantenfamilien in Berlin". In: *Diskurs Kindheits- und Jugendforschung* 4, 413–425.

Kleppin, K. / Mehlhorn, G. (2008): „Zum Stellenwert von Fehlern. Am Beispiel des Französischen und Russischen". In: *PRAXIS Fremdsprachenunterricht* 2008 / 2, 17–20.

Klieme, E. et al. (2010): „PISA 2000–2009: Bilanz der Veränderungen im Schulsystem". In: Klieme, E. et al. (Hrsg.): *PISA 2009. Bilanz nach einem Jahrzehnt.* Münster, New York: Waxmann, 277–300.

Kommission der Europäischen Gemeinschaften (2005): *Eine neue Rahmenstrategie für Mehrsprachigkeit.* Brüssel. Online unter: https://eur-lex.europa.eu/LexUriServ/LexUriServ.do?uri=COM:2005:0596:FIN:de:PDF (letzter Abruf: 05. 06. 2018).

Krifka, M. (Hrsg.) (2014): *Das mehrsprachige Klassenzimmer: Über die Muttersprachen unserer Schüler.* Berlin: Springer.

Krings, H. P. (2016): *Fremdsprachenlernen mit System. Das große Handbuch der besten Strategien für Anfänger, Fortgeschrittene und Profis.* Hamburg: Buske.

Krumm, H.-J. / Jenkins, E.-M. (2001): *Kinder und ihre Sprachen – lebendige Mehrsprachigkeit.* Wien: Eviva.

Küppers, A. / Şimşek, Y. / Schroeder, C. (2015): „Turkish as a minority language in Germany: aspects of language development and language instruction". In: *Zeitschrift für Fremdsprachenforschung* 26 / 1, 29–51.

Kupisch, T. (2013): „A new term for a better distinction? A view from the higher end of the proficiency scale". In: *Theoretical Linguistics* 39 / 3–4, 203–214.

Kupisch, T. (2014): „Adjective placement in simultaneous bilinguals (German-Italian) and the concept of cross-linguistic overcorrection". In: *Bilingualism: Language and Cognition* 17 / 1, 222–233.

Kupisch, T. / Akpinar, D. / Stöhr, A. (2013): „Gender assignment and gender agreement in adult bilinguals and second language learners of French". In: *Linguistic Approaches to Bilingualism* 3 / 2, 150–179.

Kupisch, T. / Rothman, J. (2016): „Terminology matters! Why difference is not incompleteness and how early child bilinguals are heritage speakers". In: *International Journal of Bilingualism* Online First [DOI:10.1177 / 1367006916654355] (letzter Abruf: 23.03.2018).

Kurbangulova, T. (2018): „Voice Onset Time im intergenerationalen Vergleich am Beispiel der Herkunftssprachen Polnisch und Russisch". In: Mehlhorn, G. / Brehmer, B. (Hrsg.): *Potenziale von Herkunftssprachen – Sprachliche und außersprachliche Einflussfaktoren.* Tübingen: Stauffenburg, 39–62.

Kurz, N. (2015): *„Muttersprachler ist kein Beruf!" Eine Interviewstudie zu subjektiven Sichtweisen von (angehenden) Russischlehrenden mit russischsprachiger Zuwanderungsgeschichte.* Tübingen: Stauffenburg.

Lanza, E. (1997): *Language mixing in infant bilingualism. A sociolinguistic perspective.* Oxford: Clarendon Press.

Lenneberg, F. (1967): *Biological foundations of language.* New York: Wiley.

Lengyel, D. / Neumann, U. (2016): *Herkunftssprachlicher Unterricht in Hamburg – Eine Studie zur Bedeutung des herkunftssprachlichen Unterrichts aus Elternsicht (HUBE).* Projektbericht, unter: www.diver.uni-hamburg.de/-images/08122016-bericht-hube-ev.pdf (letzter Abruf: 23.04.2018).

Limbird, C. / Stanat, P. (2006): „Sprachförderung bei Schülerinnen und Schülern mit Migrationshintergrund: Ansätze und ihre Wirksamkeit". In: Baumert, J. / Stanat, P. / Watermann, R. (Hrsg.): *Herkunftsbedingte Disparitäten im Bildungswesen: Differenzielle Bildungsprozesse und Probleme der Verteilungsgerechtigkeit.* Wiesbaden: VS Verlag, 257–307.

Lüttenberg, D. (2010): „Mehrsprachigkeit, Familiensprache, Herkunftssprache. Begriffsvielfalt und Perspektiven für die Sprachdidaktik". In: *Wirkendes Wort* 2, 299–315.

MBWWK (2012): *Rahmenplan Herkunftssprachenunterricht Rheinland-Pfalz.* Mainz.

Mehlhorn, G. (2013): „Identitätsangebote und Bedrohung der Identität russischsprachiger Lernender durch den schulischen Russischunterricht". In: Burwitz-Melzer, E. / Königs, F. G. / Riemer, C. (Hrsg.): *Identität und Fremdsprachenlernen: Anmerkungen zu einer komplexen Beziehung.* Tübingen: Narr, 183–193.

Mehlhorn, G. (2015): „Die Herkunftssprache Polnisch aus der Sicht von mehrsprachigen Jugendlichen, ihren Eltern und Lehrenden". In: *Fremdsprachen Lehren und Lernen* 44 / 2, 60–72.

Mehlhorn, G. (2016): „Herkunftssprecher im Russischunterricht. Sprachliches Vorwissen als Ressource". In: *PRAXIS Fremdsprachenunterricht* 5 / 2016, 10–11 (plus Online-Material).

Mehlhorn, G. (2017): „Herkunftssprachen im deutschen Schulsystem". In: *Fremdsprachen Lehren und Lernen* 46 / 1, 43–55.

Mehlhorn, G. (2018): „Sprachmittlung aus der und in die Herkunftssprache Polnisch: Ein Potenzial". In: Stolarczyk, B. / Merkelbach, C. (Hrsg.): *Sprachmittlung und Interkulturalität im Polnischunterricht.* Aachen: Shaker, 70–86.

Mehlhorn, G. / Yastrebova, M. (2017): „Kommunikative Sprachmittlung. Jugendliche Herkunftssprecher des Russischen und ihre Eltern im Vergleich". In: Guhl, M. / Müller-Reichau, O. (Hrsg.): *Aspects of Slavic linguistics: Formal grammar, lexicon and communication.* Berlin, Boston: de Gruyter, 212–234.

Meisel, J. M. (1989): „Early differentiation of languages in bilingual children". In: Hyltenstam, K. / Obler, L. (Hrsg.): *Bilingualism across the lifespan: Aspects of acquisition, maturity, and loss.* Cambridge: Cambridge University Press, 13–40.

Meisel, J. M. (2004): „The bilingual child". In: Bhatia, T. K. / Ritchie, W. C. (Hrsg.): *The handbook of bilingualism.* Oxford: Blackwell, 91–113.

Meisel, J. M. (2007): „Mehrsprachigkeit in der frühen Kindheit: Zur Rolle des Alters bei Erwerbsbeginn". In: Anstatt, T. (Hrsg.): *Mehrsprachigkeit bei Kindern und Erwachsenen. Erwerb – Formen – Förderung.* Tübingen: Attempto, 93–113.

Meisel, J. M. (2011): *First and second language acquisition.* Cambridge: Cambridge University Press.

Meng, K. (2001): *Russlanddeutsche Sprachbiographien. Untersuchungen zur sprachlichen Integration von Aussiedlerfamilien.* Tübingen: Narr.

Meng, K. / Protassova, E. (2005): „‚Aussiedlerisch'. Deutsch-russische Sprachmischungen im Verständnis ihrer Sprecher". In: Hinnenkamp, V. / Meng, K. (Hrsg.): *Sprachgrenzen überspringen. Sprachliche Hybridität und polykulturelles Selbstverständnis.* Tübingen: Narr, 229–266.

Meng, K. / Protassova, E. (2017): „Young Russian-German adults 20 years after their repatriation to Germany". In: Isurin, L. / Riehl, C. M. (Hrsg.): *Integration, identity and language maintenance in young immigrants: Russian Germans or German Russians.* Amsterdam: John Benjamins, 159–196.

Mishina, S. (1999): „The role of parental input and discourse strategies in the early language mixing of a bilingual child". In: *Multilingua* 18 / 1, 1–30.

Montrul, S. (2008): *Incomplete acquisition in bilingualism: Re-examining the age factor.* Amsterdam: John Benjamins.

Montrul, S. (2012): „Is the heritage language like a second language?" In: *EUROSLA Yearbook* 12, 1–29.

Montrul, S. (2016): *The acquisition of heritage languages.* Cambridge: Cambridge University Press.

Müller, N. et al. (2011): *Einführung in die Mehrsprachigkeitsforschung. Deutsch – Französisch – Italienisch.* 3., überarbeitete Auflage. Tübingen: Narr.

Müller, N. et al. (2015): *Code-switching. Spanisch, Italienisch, Französisch: eine Einführung*. Tübingen: Narr.

Mueller-Gathercole, V. C. / Thomas, E. M. (2009): „Bilingual first language development: Dominant language takeover, threatened minority language take-up". In: *Bilingualism: Language and Cognition* 12, 213–237.

Muysken, P. (2000): *Bilingual speech: A typology of code-mixing*. Cambridge: Cambridge University Press.

Myers-Scotton, C. (1993): *Duelling languages*. Oxford: Clarendon Press.

Odlin, T. (1989): *Language transfer: Cross-linguistic influence in language learning*. Cambridge: Cambridge University Press.

O'Grady, W. et al. (2009): „A psycholinguistic tool for the assessment of language loss". In: *Language Documentation and Conservation* 3, 100–112.

Oomen-Welke, I. (2011): „Umgang mit Vielsprachigkeit im Deutschunterricht – Sprachen wahrnehmen und sichtbar machen". Online unter http://jaling.ecml.at/pdfdocs/articles/IOLfacing.pdf (letzter Abruf: 05. 06. 2018).

Plewnia, A. / Rothe, A. (2011): „Spracheinstellungen und Mehrsprachigkeit. Wie Schüler über ihre und andere Sprachen denken". In: Eichinger, L. M. / Plewnia, A. / Steinle, M. (Hrsg.): *Sprache und Integration. Über Mehrsprachigkeit und Integration*. Tübingen: Narr, 215–253.

Pant, H. A. et al. (Hrsg.) (2013): *IQB-Ländervergleich 2012. Mathematische und naturwissenschaftliche Kompetenzen am Ende der Sekundarstufe I*. Münster, New York: Waxmann.

Paradis, M. (2004): *A neurolinguistic theory of bilingualism*. Amsterdam: John Benjamins.

Polinsky, M. (1997): „Cross-linguistic parallels in language loss". In: *Southwest Journal of Linguistics* 14 / 1–2, 87–123.

Polinsky, M. (2006): „Incomplete acquisition: American Russian". In: *Journal of Slavic Linguistics* 14, 192–265.

Polinsky, M. (2008): „Russian gender under incomplete acquisition". In: *The Heritage Language Journal* 6 / 1, 40–70. Online unter: http://www.heritagelanguages.org/ (letzter Abruf: 27.07.2018).

Polinsky, M. (i. Dr.): *Heritage languages and their speakers*. Cambridge: Cambridge University Press.

Polinsky, M. / Kagan, O. (2007): „Heritage languages: In the ‚wild' and in the classroom". In: *Language and Linguistics Compass* 1 / 5, 365–395.

Poplack, Sh. (1980): „Sometimes I'll start a sentence in Spanish y termino en español: toward a typology of code-switching". In: *Linguistics* 18, 581–618.

Portnaia, N. (2013): *Sprachlernsituation der Kinder mit migrationsbedingter Zwei-/ Mehrsprachigkeit beim Fremdsprachenlernen in der Grundschule. Eine qualitative*

Studie unter besonderer Berücksichtigung der Herkunftssprache Russisch. Berlin: Logos.

Prenzel, M. et al. (Hrsg.) (2005): *PISA 2003. Der zweite Vergleich der Länder in Deutschland: Was wissen und können Jugendliche?* Münster, New York: Waxmann.

Protassova, E. (2007): „Sprachkorrosion: Veränderungen des Russischen bei russischsprachigen Erwachsenen und Kindern in Deutschland". In: Meng, K. / Rehbein, J. (Hrsg.): *Kinderkommunikation – einsprachig und mehrsprachig.* Münster, New York: Waxmann, 259–292.

Räder, M. (2017): „Binnendifferenzierung im Englischunterricht aus Sicht von Englischlehrkräften – Implikationen für die (Fort)Bildung von Lehrkräften". In: Chilla, S. / Vogt, K. (Hrsg.): *Heterogenität und Diversität im Englischunterricht. Fachdidaktische Perspektiven.* Frankfurt / M.: Peter Lang, 108–133.

Reich, H. H. (2007): „Forschungsstand und Desideratenaufweis zu Migrationslinguistik und Migrationspädagogik für die Zwecke des ‚Anforderungsrahmens'". In: Ehlich, K. et al.: *Anforderungen an Verfahren der regelmäßigen Sprachstandsfeststellung als Grundlage für die frühe und individuelle Förderung von Kindern mit und ohne Migrationshintergrund.* Bonn, Berlin: BMBF, 121–169.

Reich, H. H. (2009): *Zweisprachige Kinder. Sprachaneignung und sprachliche Fortschritte im Kindergartenalter.* Münster, New York: Waxmann.

Reich, H. H. (2014): „Über die Zukunft des herkunftssprachlichen Unterrichts". Überarbeitete Fassung eines Vortrags bei der GEW Rheinland-Pfalz in Mainz am 31. 1. 2012. Online unter www.uni-due.de/prodaz/aktuelles_archiv.php (letzter Abruf 30. 10. 2017).

Reich, H. H. (2016): „Herkunftssprachenunterricht". In: Burwitz-Melzer, E. / Mehlhorn, G. / Riemer, C. / Bausch, K.-R. / Krumm, H.-J. (Hrsg.): *Handbuch Fremdsprachenunterricht.* Tübingen: Francke, 221–226.

Reich, H. H. (2018): „Herkunftssprachlicher Unterricht aus curricularer Sicht". In: Mehlhorn, G. / Brehmer, B. (Hrsg.): *Potenziale von Herkunftssprachen – Sprachliche und außersprachliche Einflussfaktoren.* Tübingen: Stauffenburg, 295–298.

Reimann, D. (2016a): „Aufgeklärte Mehrsprachigkeit – Sieben Forschungs- und Handlungsfelder zur (Re-)Modellierung der Mehrsprachigkeitsdidaktik". In: Rückl, M. (Hrsg.): *Sprachen und Kulturen: vermitteln und vernetzen. Beiträge zu Mehrsprachigkeit und Inter-/Transkulturalität im Unterricht, in Lehrwerken und in der Lehrer / innen / bildung.* Münster, New York: Waxmann, 15–33.

Reimann, D. (2016b): *Sprachmittlung. 7 wichtige Punkte für einen erfolgreichen Start ins Thema.* Tübingen: Narr Francke Attempto.

Reimann, D. / Siems, M. (2015): „Herkunftssprachen im Spanischunterricht. Sprachmittlung Spanisch – Türkisch – Deutsch". In: *Der fremdsprachliche Unterricht Spanisch* 51, 33–43.

Riehl, C. M. (2014): *Sprachkontaktforschung: eine Einführung*. 3., überarbeitete Aufl. Tübingen: Narr.

Rothman, J. (2007): „Heritage speaker competence differences, language change, and input type: Inflected infinitives in heritage Brazilian Portuguese". In: *International Journal of Bilingualism* 11, 359–389.

Rothman, J. (2009): „Understanding the nature and outcomes of early bilingualism: Romance languages as heritage languages". In: *International Journal of Bilingualism* 13 / 2, 155–163.

SBI – Sächsisches Bildungsinstitut (2015): *Rahmenpläne für den Herkunftssprachlichen Unterricht. Handreichung für Lehrerinnen und Lehrer.* Radebeul.

Schader, B. (2012): *Sprachenvielfalt als Chance. Das Handbuch. Hintergründe und 101 praktische Vorschläge für den Unterricht in mehrsprachigen Klassen.* Zürich: Orell Füssli.

Schader, B. (Hrsg.) (2016): *Materialien für den herkunftssprachlichen Unterricht.* Zürich: Orell Füssli.

Schader, B. et al. (2016): *Förderung der Mündlichkeit in der Erstsprache.* Zürich: Orell Füssli.

Schader, B. / Maloku, N. (2016): *Förderung des Schreibens in der Erstsprache.* Zürich: Orell Füssli.

Scheele, A. F. / Leseman, P. P. M. / Mayo, A. Y. (2010): „The home language environment of mono- and bilingual children and their language proficiency". In: *Applied Psycholinguistics* 31, 117–140.

Schmid, M. S. (2011): *Language attrition.* Cambridge: Cambridge University Press.

Schmitz, A. / Olfert, H. (2013): „Minderheitensprachen im deutschen Schulwesen – Eine Analyse der Implementierung allochthoner und autochthoner Sprachen". In: *Zeitschrift für Fremdsprachenforschung* 24 / 2, 203–227.

Schwartz, M. (2008): „Exploring the relationship between family language policy and heritage language knowledge among second generation Russian-Jewish immigrants in Israel". In: *Journal of Multilingual and Multicultural Development* 29 / 5, 400–418.

Settinieri, J. / Topalović, E. (i. V.): *Sprachliche Bildung.* Tübingen: Narr. [LinguS; 8].

Silva-Corvalán, C. (1994): *Language contact and change: Spanish in Los Angeles.* Oxford: Oxford University Press.

Silva-Corvalán, C. / Treffers-Daller, J. (Hrsg.) (2016): *Language dominance in bilinguals: issues of measurement and operationalization.* Cambridge: Cambridge University Press.

Singleton, D. / Aronin, L. (2007): „Multiple language learning in the light of the theory of affordances". In: *Innovation in Language Learning and Teaching* 2007 / 1, 83–96.

Skutnabb-Kangas, T. (1981): *Bilingualism or not. The education of minorities.* Clevedon: Multilingual Matters.

Söhn, J. (2005): *Zweisprachiger Schulunterricht für Migrantenkinder. Ergebnisse der Evaluationsforschung zu seinen Auswirkungen auf Zweitspracherwerb und Schulerfolg.* Berlin: AKI, Wissenschaftszentrum Berlin.

Sorace, A. (2011): „Pinning down the concept of ‚interface' in bilingualism". In: *Linguistic Approaches to Bilingualism* 2, 1–33.

Statistisches Bundesamt (2016): *Bevölkerung mit Migrationshintergrund – Ergebnisse des Mikrozensus 2015.* Wiesbaden: Statistisches Bundesamt.

Strobel, B. / Kristen, C. (2015): „Erhalt der Herkunftssprache? Muster des Sprachgebrauchs in Migrantenfamilien". In: *Zeitschrift für Erziehungswissenschaft* 18, 125–142.

Szagun, G. et al. (2006): „Development of vocabulary and grammar in young German-speaking children assessed with a German language development inventory". In: *First Language* 26, 259–280.

Tracy, R. / Gawlitzek, I. (i. V.): *Mehrsprachigkeit und Spracherwerb.* Tübingen: Narr. [LinguS; 10].

Treffers-Daller, J. (2016): „The construct of language dominance, its operationalization and measurement". In: Silva-Corvalán, C. / Treffers-Daller, J. (Hrsg.): *Language dominance in bilinguals: issues of measurement and operationalization.* Cambridge: Cambridge University Press, 235–265.

Unsworth, S. et al. (2011): „On the role of age of onset and input in early child bilingualism in Greek and Dutch". In: Pirvulescu, M. et al. (Hrsg.): *Proceedings of the 4th Conference on Generative Approaches to Language Acquisition North America (GALANA 2010).* Somerville, MA: Cascadilla, 249–265.

Van Deusen-Scholl, N. (2003): „Toward a definition of heritage language: sociopolitical and pedagogical considerations." In: *Journal of Language, Identity and Education* 2, 211–230.

Vertovec, S. (2007): „Super-diversity and its implications". In: *Ethnic and Racial Studies* 30 / 6, 1024–1054.

Weinreich, U. (1977): *Sprachen in Kontakt: Ergebnisse und Probleme der Zweisprachigkeitsforschung.* München: Beck.

Werker, J. F. / Tees, R. C. (2005): „Speech perception as a window for understanding plasticity and commitment in language systems of the brain". In: *Developmental Psychobiology* 46, 233–251.

Zombolou, K. (2011): „Attrition in Greek diaspora: Grammars in contact or incomplete acquisition?" In: Ihemere, K. (Hrsg.): *Language contact and language shift: Grammatical and sociolinguistic perspectives.* München: Lincom Europa.

Lösungsvorschläge zu den Aufgaben

Kapitel 1

1. Angaben über die geografische Herkunft von Menschen, wie sie in Bevölkerungsstatistiken verzeichnet sind, sagen sehr wenig über die von ihnen beherrschten Sprachen aus. Zum einen ist Mehrsprachigkeit ein globales Phänomen und mehrsprachige Länder sind weltweit eher der Normalfall als die Ausnahme. Wenn z. B. aktuell 737 000 Einwohner in Deutschland einen kasachischen Migrationshintergrund aufweisen (2015), dann lässt sich daraus nicht der Rückschluss ziehen, dass Kasachisch eine wichtige HS in Deutschland darstellt. Die meisten Zuzüge aus Kasachstan erfolgten im Rahmen der Spätaussiedlung von deutschstämmigen Personen und ihren Angehörigen aus der ehemaligen Sowjetunion in den 1990er Jahren. Diese sprachen in Kasachstan meistens Russisch, seltener auch Deutsch oder andere Sprachen (vgl. Meng 2001). Noch viel schwieriger sind Vorhersagen über die sprachlichen Verhältnisse in der zweiten Generation, insbesondere dann, wenn nur ein Elternteil einen Migrationshintergrund hat (vgl. Kap. 3.2 zum Input). Individuen, die bereits der dritten Generation angehören, werden von der Statistik überhaupt nicht erfasst. Allerdings zeigt sich, dass es auch Herkunftssprecher gibt, die bereits der dritten Generation angehören und dennoch rezeptive und produktive Fertigkeiten ihrer HS aufweisen.
2. Die Daten des Migrationsberichts zeigen, dass die Zuwanderung nach Deutschland aus allen Gebieten der Welt erfolgt und die Migranten daher ganz verschiedene Sprachen mitbringen, die nicht nur der indoeuropäischen Sprachfamilie (baltische, germanische, romanische, slawische Sprachen, Albanisch, Griechisch, iranische Sprachen wie Persisch, Paschtu oder kurdische Sprachen, indoarische Sprachen wie Hindi etc.), sondern auch anderen Sprachfamilien angehören, z. B. sinotibetische Sprachen (u. a. Mandarin, Kantonesisch), Niger-Kongo-Sprachen (u. a. Swahili und andere Bantusprachen), afroasiatische Sprachen (u. a. semitische Sprachen wie Arabisch), austronesische Sprachen (u. a. Tagalog von den Philippinen), Turksprachen (u. a. Türkisch, Aserbaidschanisch, Kasachisch), austroasiatische Sprachen (u. a. Vietnamesisch) oder Koreanisch. Die sprachlichen Verhältnisse in Deutschland lassen sich daher mit dem Schlagwort der *Superdiversität* (Vertovec 2007) bezeichnen.

Kapitel 2

1. „Herkunftssprache" wird hier offenbar synonym zu „Muttersprache" verwendet. Zur Problematik des Begriffs „Muttersprache" und seiner Anwendung auf Herkunftssprecher vgl. Kap. 2.2.
2. Zunächst einmal bedeutet ein Migrationshintergrund nicht zwangsläufig, dass die Kinder tatsächlich die Sprache(n) ihrer Eltern sprechen oder auch nur rezeptiv verstehen. Zudem werden damit Kinder, die in ihrer Familie eine autochthone Minderheitensprache sprechen, nicht miterfasst (vgl. dazu Kap. 2.4). „Zweitsprachenlerner" impliziert, dass das Deutsche den Status einer L2 hat. Viele Herkunftssprecher wachsen aber parallel mit dem Deutschen und ihrer HS auf, sind also ebenso „Erstsprachensprecher" des Deutschen wie monolingual deutsch aufgewachsene Kinder (vgl. Kap. 2.2).
3. Die Erwerbsbedingungen bei Individuen, die erst als Jugendliche nach Deutschland zugewandert sind, gestalten sich fundamental unterschiedlich zu Herkunftssprechern: So haben diese Individuen in der Regel einen Schulbesuch im Herkunftsland absolviert und ihre HS in (weitgehend) monolingualer Umgebung erworben. Die sprachliche Primärsozialisation inkl. Erwerb literaler Kompetenzen war demnach bei der Zuwanderung abgeschlossen (vgl. Kap. 2.2). Zudem haben Studien zur Attrition gezeigt, dass zumindest die Grammatik der mitgebrachten Sprache bei einer Ausreise nach dem zwölften Lebensjahr weitgehend stabil bleibt (vgl. Kap. 3.3).

Kapitel 3

1. **Sofia** lässt sich der Gruppe der mesolektalen Herkunftssprecher zuordnen: Bei ihr kommen Wortfindungsprobleme in der HS vor, die sie zu Code-Switching veranlassen. Sie hat aber grundlegende literale Kompetenzen in der HS erworben und kann diese anwenden. Möglicherweise hilft ihr der FSU Russisch dabei, ihre Kompetenzen zukünftig weiter auszubauen und sich stärker in Richtung eines akrolektalen Herkunftssprechers zu entwickeln. **Irina** hat den Status eines akrolektalen Herkunftssprechers bereits jetzt erreicht: Sie spricht akzentfrei und hat einen Wortschatz, der keine Wechsel ins Deutsche erforderlich macht. Sie kann lesen und schreiben in der HS, lediglich beim Schreiben hat sie orthografische Probleme. **Jochen** repräsentiert den Typus des basilektalen Herkunftssprechers. Seine

produktiven Kenntnisse in der HS beschränken sich auf die Verwendung einzelner *Chunks* (Routineformeln), er beherrscht die kyrillische Schrift nicht und kann auch kaum in der HS lesen, da er die Buchstaben nicht kennt. Lediglich rezeptive Kompetenzen wie das Hörverstehen sind in der HS ausgebildet.

2. Herkunftssprecher können nur auf einen eingeschränkten Input zurückgreifen, um sprachliches Wissen in der HS aufzubauen, was den Erwerb der HS erschwert und daher nicht mit einem monolingualen Erwerb vergleichbar macht (vgl. Kap. 3.3). Im Vergleich zu Fremdsprachenlernern setzt der Erwerb der Strukturen in der HS aber viel früher ein, sodass Bereiche, bei denen sensible Perioden des automatisierten Erwerbs früh auslaufen (vgl. Kap. 2.2), von Herkunftssprechern oft problemloser und zielsprachennäher erworben werden können als von Fremdsprachenlernern (vgl. Kap. 3.5). Eine bessere Kontrollgruppe bilden bilinguale Sprechergruppen, die ähnliche Erwerbsbedingungen aufweisen, z. B. italienische Herkunftssprecher aus anderen Ländern mit germanischer Umgebungssprache (USA, Niederlande, Schweden etc.) oder aber deutsche Herkunftssprecher, die in Italien aufwachsen (z. B. Südtirol) und bei denen der frühkindliche Input daher auch auf HS und Umgebungssprache aufgeteilt war.
3. Für eine ausführliche Analyse dieses Exzerpts, sowohl im Hinblick auf das von den beiden Sprechern verwendete Türkische und Deutsche, als auch auf die Motivationen zum Code-Switching, sei auf Hinnenkamp (2005: 58–61) verwiesen.
4. Genauere Selbsteinschätzungen zu sprachlichen (Teil-)Kompetenzen verlangen vom Individuum ein gewisses Maß an metalinguistischem Wissen und sprachlicher Selbstreflexion im Hinblick auf die HS, die bei Herkunftssprechern oft nicht vorhanden sind (z. B. bei der Erläuterung spezifischer „problematischer" Bereiche der Sprachbeherrschung). Zudem fließen auch andere Faktoren wie z. B. die Identifikation mit der HS und das sprachliche Selbstbild in derartige Bewertungen (unbewusst) mit ein. In unserem Projekt war auffällig, dass Herkunftssprecher, die auch einen (benoteten) Schulunterricht in der HS besuchten, oft an den Schulnoten festmachten, ob sie (in bestimmten Bereichen) bessere Kompetenzen im Deutschen als in der HS aufwiesen.

Kapitel 4

1. Konkrete Vorschläge für die Einbeziehung der Herkunftssprache Türkisch in mündliche und schriftliche Sprachmittlungsaufgaben im Spanischunterricht machen Reimann und Siems (2015). Bermejo-Muñoz (2014) präsentiert eine Unterrichtssequenz zum integrativ-mehrsprachigen Lernen, die Ansätze der Sprachmittlung, Interkomprehension und Aufgabenorientierung vereint. Mehlhorn und Yastrebova (2017) sowie Mehlhorn (2018) stellen eine als Sprachstandserhebungsinstrument mit russisch- und polnischsprachigen Jugendlichen erprobte Sprachmittlungsaufgabe aus der Lebenswelt von Herkunftssprechern (einschl. Kriterienraster und Erwartungsbild) vor, die für weitere HS adaptiert und im HSU oder auch FSU mit Herkunftssprechern eingesetzt werden kann. Zudem könnten Jugendliche mit entsprechenden herkunftssprachlichen Kompetenzen im Kontext von Schüleraustausch und Klassenfahrten explizit ermutigt werden, für ihre Mitschüler und die Lehrperson zu dolmetschen oder auch Kulturspezifika zu erklären.
2. Neben den in Kap. 4.2 aufgeführten Argumenten sind auch Verweise auf empirische Studien möglich: So weisen Klassert und Gagarina (2010) anhand von Daten zu 45 vier- bis sechsjährigen Kindern aus russischsprachigen Familien nach, dass der familiäre Input v. a. für den Erwerb der HS von Bedeutung ist, weniger jedoch für den Erwerb der Umgebungssprache Deutsch. Auch aus entwicklungspsychologischer Sicht erscheint es wenig sinnvoll, Eltern aufzuerlegen, mit Kindern ausschließlich in einer Sprache zu kommunizieren, die (a) meist von den Eltern schlechter beherrscht wird als die eigene Erstsprache und daher (b) keine emotional authentische Familienkommunikation vonseiten der Eltern ermöglicht.
3. Eine gute Voraussetzung ist ein genuines Interesse an den Schülern und eine Offenheit gegenüber Mehrsprachigkeit, die die Schüler im Unterricht spüren sollten. Oft ist ein Austausch mit Kollegen im Lehrerzimmer über gemeinsam unterrichtete Schüler hilfreich. Im FSU bietet sich der Einsatz eines (europäischen) **Sprachenportfolios** an; dabei ist die eigene Sprachenbiografie der Schüler fester Bestandteil (vgl. www.sprachenportfolio.de/PDF/GrundportfolioOnline.pdf). Für jüngere Lerner eignen sich **Sprachenporträts** in Form von Silhouetten eines Menschen, in die die Kinder ihre eigenen Sprachen mit unterschiedlichen Farben einzeichnen und im Anschluss darüber sprechen (vgl. Krumm / Jenkins 2001). Diese Methode

lässt sich durch **Schulporträts** erweitern, die eine Reflexion der in der Schule vorhandenen Sprachen erlauben (vgl. Portnaia 2013). Bei Sprachbetrachtungen im Deutschunterricht (vgl. Oomen-Welke 2011) und im FSU bieten sich Sprachvergleiche mit den im Klassenzimmer vorhandenen Sprachen an, aber auch sprachenübergreifende und fächerverbindende Projekte können davon profitieren, wenn die Schüler als Experten für ihre HS wahrgenommen werden.

Kapitel 5

1. „Muttersprache" ist insgesamt ein problematischer Begriff (vgl. Kap. 2.2). Zudem liegt hier die Gefahr einer Gleichsetzung mit Deutschunterricht für Deutsche in Deutschland, Portugiesischunterricht für Portugiesen in Portugal oder Brasilien nahe. Tatsächlich haben Herkunftssprecher, die ihre Sprache unter den Bedingungen begrenzten Inputs erwerben, ganz andere Lernbedürfnisse als monolingual aufwachsende Schüler, sodass der HSU auch anders konzipiert ist als „muttersprachlicher Unterricht".
2. Unterricht in der HS kann durch qualitativ hochwertigen und strukturierten Input sowie Bewusstmachung von Strukturen den drohenden Sprachverlust der HS im Jugendalter aufhalten. Im Erwachsenenalter ist es ungleich schwieriger und aufwendiger, die HS wieder zu erlernen. Zudem können die Jugendlichen nur dann von ihrem mehrsprachigen Potenzial profitieren, wenn sie ihren Sprachbesitz auch erhalten (vgl. auch Kap. 5.1.2).
3. individuelle Lösungen
4. individuelle Lösungen
5. individuelle Lösungen